塔里木大学省级优质学科农林经济管理建设项目资助
塔里木大学重大项目培育专项资助（编号：TDSKZD2(

农村转型背景下
农户农业生产率研究

孙良斌　蒋志辉　朱　哲◎著

吉林人民出版社

图书在版编目（CIP）数据

农村转型背景下农户农业生产率研究 / 孙良斌, 蒋
志辉, 朱哲著. -- 长春 : 吉林人民出版社, 2023.3
ISBN 978-7-206-19901-1

Ⅰ.①农… Ⅱ.①孙… ②蒋… ③朱… Ⅲ.①农业生
产－劳动生产率－研究－中国 Ⅳ.①F323.5

中国国家版本馆CIP数据核字（2023）第098738号

农村转型背景下农户农业生产率研究
NONGCUN ZHUANXING BEIJING XIA NONGHU NONGYE SHENGCHANLÜ YANJIU

著　者：孙良斌　蒋志辉　朱　哲
责任编辑：孟广霞　　　　　封面设计：昌信图文
出版发行：吉林人民出版社（长春市人民大街7548号 邮政编码：130022）
咨询电话：0431-85378007
印　　刷：长春市昌信电脑图文制作有限公司
开　　本：720mm×1000mm　　　1/16
印　　张：12　　　　　　　字　　数：170千字
标准书号：ISBN 978-7-206-19901-1
版　　次：2023年3月第1版　　　印　　次：2023年3月第1次印刷
定　　价：48.00元

前　言

　　改革开放40多年来，中国农村发生了翻天覆地的变化，取得了巨大成就。中国农村正在从传统的乡土社会向现代社会转型，特别是党的十八大以来，党中央坚持把解决好"三农"问题作为全党工作重中之重，持续加大强农惠农富农政策力度，取得了全面脱贫攻坚的伟大胜利。现在中国农村正在稳步实施乡村振兴战略和高质量发展，推动中国农村向现代社会转型。

　　中国农村在转型背景下，农村的软硬件环境、劳动力资源以及农业生产投入等农业生产要素都发生了明显变化。这些系列变化给中国农业生产率的增长带来了新问题，是理论界和农业生产实践界关注的重要问题。

　　现有理论界从宏微观视角对中国农村转型中的各种农业生产要素变化对中国农业生产的影响进行了大量的研究，取得了丰硕成果。但是农村转型是一个系统变化的过程，包括了农村社会软硬件设施环境的转型、农村农户人力资本的转型以及农村农业生产方式的转型。现有的文献对农村转型某一个方面的因素变化对中国农业生产的影响进行了研究，但是缺乏从农村社会、农村劳动力以及农村农业生产三方面转型综合影响的角度进行深入研究。

　　因此，本人在博士论文研究的基础上和蒋志辉教授、朱哲副教授进一步深入研究，从系统的角度构建了包括农村社会、农户和农业转型的研究框架，把农村转型背景下的农村社会、农户和农业转型的因素放在一个生产率理论框架之内，利用DEA-Tobit模型、Logit模型、Malmquist-Tobit模型、倾向得分匹配法（PSM）、分位数回归模型等多种方法对农村转型因素变化对农户农业生产率水平、农业生产率增长及其分解变量的变化进行了实证检验，以期为提升中国农村转型期农户的农业生产率水平、服务乡村振兴战略和农村农业高质量发展提供理论参考。

孙良斌

2022年9月

摘　要

　　农业生产率是农业经济增长理论的核心内容。中国农村在转型背景下农村软硬件环境、人口结构、劳动力资源以及农业生产投入等农业生产要素都发生了明显变化，给中国农业生产率的增长带来了新问题和新挑战，是理论界和农业生产实践界关注的重要问题。因此，本书从系统的角度，把农村社会、农户和农业转型变化放在一个理论框架内，研究其变化对农户农业生产率增长的影响。

　　本书在界定和厘清农村转型内容的基础上，综合利用世界银行贷款中国新农村生态家园富民工程项目的农户跟踪调查面板数据和中国综合社会调查数据CGSS2013，通过数据描述性统计分析了农村转型的基本概况，从理论上剖析了农村转型变化因素对农户农业生产率的作用机制。从整个农业样本、单品种作物水稻样本，以及不同转型农户等多维度利用DEA-Malmquist模型方法对农户农业生产率水平、农业生产率增长源泉及其瓶颈进行了测量和比较分析；利用DEA-Tobit模型、Logit模型、Malmquist-Tobit模型、分位数回归模型等多种方法对农村转型的因素变化对农户农业生产率水平、农业生产效率、农业生产率增长及其分解变量的变化进行了实证检验；同时，本书还创新性地考察了农村转型背景下农村农户超重肥胖等慢性疾病导致的人力资本变化的影响，即应用准自然实验方法的倾向得分匹配法（PSM）对农村转型背景下农村农户超重肥胖等慢性疾病导致的人力资本变化对农户农业生产率的影响进行了实证分析。得到了下列主要研究结论：

（1）中国农村正在发生包括农村社会、农户和农业转型显著的系统变化。

（2）中国农户农业生产率水平及其增长总体上还处在比较低的状态，农业技术进步和规模效率增长是农户农业全要素生产率增长的源泉，纯技术效率增长是农业全要素生产率增长的瓶颈。

（3）在农村转型的社会转型变化方面：农村社会转型硬环境建设方面，农村交通基础设施显著地正向影响了农户的农业生产率水平及其增长，而有无去临近乡镇或县城的公共汽车影响不显著；农村社会软环境建设方面的农业技术推广站、农业专业合作组织、农业专业技术协会及其他社会经济组织的活动，以及村庄农资商店，显著地正向影响农业生产率水平及其增长，但是，农村信用合作社、农村农贸市场等农村金融和市场机构的影响不显著，这表明，对农业生产经营发展极其重要的农村金融和农村市场经济组织对农业生产率的发展没有起到显著的正向作用。

（4）在农村转型的农户转型变化方面：首先，劳动力结构性别变化对农户农业生产率水平及其增长的影响不显著，而年龄结构有显著的负向影响，这表明农业劳动力"女性化"没有显著地影响农业生产率水平及其增长，而劳动力年龄结构的"老龄化"对农业社会经济组织及其活动、农业技术采纳、农业机械化作业、耕地改良、有机肥施用，以及农业经营大户等都有显著的负向影响，影响了农业全要素生产率的增长、农业技术进步和农业纯技术效率的增长；其次，农户的兼业工作和非农收入来源变化显著负向影响了农户农业全要素生产率的增长、农业技术进步和农业纯技术效率的增长；最后，农户人力资本中的受教育程度和超重肥胖已经显著地影响了农户农业生产率的增长，受教育程度对整个样本农户农业生产率及其增长没有显著影响，但是对青年劳动者，农业大户有显著的正向影响，而且，受教育程度高的农户对良种使用、耕地改良和有机肥施用等影响因素有显著的正效应。

（5）在农村转型农业转型变化方面：农户的农业规模经营、农业技术采纳，以及农业高质量发展都显著地正向影响农业全要素生产率水平及其增长、农业技术进步和农业纯技术效率的增长。首先，农户规模化经营对农业生产率增长有显著的正影响，农业经营大户在提高农药化肥使用效率、采用先进的良种和农业机械化作业、改良耕地、施用有机肥等方面有显著的正向影响；其次，农业技术采纳的良种使用、农业高质量发展的有机肥施用和耕地改良都显著地正向影响农业生产率的增长。

（6）在农户农业生产要素投入方面：一方面，播种面积、种子费用、农业薄膜费用、役畜和机械作业费用等都对农户农业生产率及其增长有显著性的正向影响；另一方面，农用雇工费的影响并不显著，农药化肥费用的影响已经出现了显著的负向影响，这表明农药化肥要素的过度投入不但增加了投入成本，而且对农业生产率增长起到了显著的负向影响。

基于研究的主要结论，为了应对中国农村转型变化对中国农业生产率增长的影响，本书从农业宏观政策的制定、农村社会软硬环境建设、农户转型变化的农户教育培训、农村公共卫生干预管理政策对农户超重肥胖引致的健康资本有效干预、支持农业发展转型的农业规模化经营、农业技术进步、农业高质量发展等方面提出了相关政策建议。

关键词：农村社会转型；农村农户转型；农村农业转型；农业生产率；全要素生产率

目 录
CONTENTS

第一章

导 论

1.1 问题提出

农业生产率是国内外农业经济理论研究农业经济如何实现可持续、高质量增长时一直关注的核心基础问题。中国人多地少，粮食安全问题长期以来一直受到重大关注。提高粮食产量除了增加农业生产要素投入外，提高农业生产率水平是必然选择。因此，如何提升中国农业生产率是学术界和政府部门长期关注的热点问题。特别是在国家实施农业供给侧结构性改革和高质量发展的大背景下，如何提升中国农业生产率、推进中国农业供给侧结构性改革和高质量发展，是实现乡村振兴战略目标亟待解决的重要现实问题。

当前中国农村社会正处于全面的转型期，中国农村社会正在发生着深刻的变化（邓宏图，2012；郭占峰，2021）。这是中国几千年来传统农业国家工业化、城镇化和农业现代化发展到一定阶段必经的阶段，这个转型期相当长的时间内产生的系列问题，是中国"三农"问题的新挑战（陈锡文，2008；邵夏珍，2014；黄季焜，2020）。从2013年到2022年中央一号文件就农村、农业转型升级问题做出了系统的指导，也开启了中国新型城镇化的发展之路和农村高质量发展之路（郎晓波，2014；谢兰兰，2020；

全世文，2022）。

那么，中国农村转型期下的各种因素变化对中国农户农业生产率增长产生了哪些影响？影响的机制和因素又是什么？如何制定相关的农业经济增长政策引导农户提高农业生产率？因此，对这些基本问题的解释和解决是当前中国农业进行供给侧结构性改革、乡村振兴战略和高质量发展亟须探讨和解决的紧迫问题，它有利于为中国政府推进农业供给侧结构性改革和高质量发展、实现乡村振兴战略总目标、制定农业发展政策提供理论参考依据。

1.2　研究背景与意义

1.2.1　研究背景

（1）中国农村正处在从传统乡土社会向现代社会转型阶段。在经历改革开放40多年的经济高速增长，中国正向工业化、新型城镇化、农业现代化和市场化全面转型。当前，中国农村社会正处于急剧的转型期（邓宏图，2012；郭占峰，2021），这是中国几千年来传统农业国家工业化、城镇化和农业现代化发展到一定阶段必经的阶段，这些转型期产生的系列问题，是中国"三农"问题的新挑战（陈锡文，2008；谢兰兰，2020；全世文，2022）。在农村转型现实大背景下，中国农村社会正在发生着深刻的变化；中国农村农户发生深刻变化，农村大量劳动力外出务工、兼业，劳动力老龄化、女性化等；中国农村农业也在发生深刻变化，农业土地流转规模经营、耕种制度和耕种品种等配置生产发生变化。而且，随着我国工业化、新型城镇化和农业现代化的推进，农村经济社会转型将进一步深化。这种转型下的中国农村深刻变化给中国农业生产经营和"三农"政策取向带来了严重影响（刘奇，2007；蔡昉，2009；徐勇，2010，邵夏珍，

2014；黄季焜，2020；全世文，2022）。

（2）中国农业经济增长面临资源、环境和价格补贴的多重约束。在中国农村转型的大背景下，当前中国粮食生产又面临生产成本"地板"，价格"天花板"的双重挤压，资源"红灯"和补贴"黄灯"的双重约束[①]。那么，在中国农村转型、农业资源环境、价格补贴等多重约束下，如何破解中国农业经济增长的难题呢？提高农户农业生产率成为必然选择。通过提高农户生产率，改变中国农户长期形成的"高投入、高产出、高污染、低效益"粗放型农业增长模式，转变为"低投入、高产出、低污染、高效益"的资源节约型、环境友好型农业增长模式。

（3）中国农业供给侧结构性改革和高质量发展。党的十八大以来，党中央始终坚持把解决好"三农"问题，着力加强中国农业供给侧结构性改革和高质量发展，推进乡村振兴战略作为党中央全部工作的重中之重。从2015年12月中央农村工作会议首次提出，要着力加强农业供给侧结构性改革、提高农业供给质量和效率，到2016年12月中央农村工作会议召开前，中共中央总书记、国家主席、中央军委主席习近平主持召开中央政治局常委会会议时强调，要始终重视"三农"工作，持续强化重农强农信号，再到2021、2022年中央一号文件，党中央始终要准确把握新形势下"三农"工作方向，深入推进农业供给侧结构性改革，推进农业农村高质量发展和乡村振兴战略。

因此，在上述中国农业发展的现实和政策背景下，中国农业的发展必

---

①成本"地板"，价格"天花板"是指我国粮食生产成本大幅度提高，粮食"地板"在不断上升，国内粮食价格比国际市场价高，接近"天花板"；资源"红灯"是指我国在生产粮食时，过度使用耕地发展粮食生产，带来生态的破坏，如：化肥、农药超量使用，资源超载，环境透支。补贴"黄线"问题是指中国加入WTO时承诺，价格支持、与农产品现期产量等挂钩的直接补贴等对贸易有较大扭曲作用的"黄箱补贴"不得超过产值的8.5%。据统计，中国"三农"财政补贴已经接近这条"黄线"。

须以提高农业生产率来转变粗放型的发展方式，推进中国农业供给侧结构性改革和高质量可持续发展，为实现中国乡村振兴战略长远目标打下坚实基础。

1.2.2 研究意义

（1）理论意义。农村转型下，中国农村社会、农户和农业出现了一系列的新变化和新问题，在资源、环境和政府价格补贴的多重约束下，给中国农业生产率增长带来了诸多新挑战。因此，本书把农村转型下的中国农村社会、农户和农业转型变化的因素纳入一个农业生产率研究框架之中，对中国农村转型对农户农业生产率的影响进行系统研究，丰富了中国农业生产率研究的理论框架。同时，本研究把中国农村转型中出现的农户越来越严重的超重肥胖新现象引起的健康资本新问题纳入对农户农业生产率的影响框架之中进行探讨，为从农户的超重肥胖现象来探讨中国农业生产率问题提供了新的理论视角。

（2）现实意义。农村转型下，中国农村社会、农户和农业出现了一系列的新变化和新问题。这些新现象和新问题对中国农业生产率有什么影响？影响的机制和因素又是什么？这些是在当前中国农村剧烈转型下如何提高中国农业生产率亟须解决的现实问题，不仅有利于中国农业的增产增效和可持续发展，保障国家粮食安全，而且有利于为中国各级党和政府制定农业发展支持政策、以农业生产率提升推进中国农业供给侧结构性改革和高质量发展，为实现中国乡村振兴战略长远目标提供决策的理论参考依据，具有重要的现实意义。

1.3 文献综述

中国人口基数大，人均耕地面积少，以"高投入、高产出和高污染"

的粗放式的发展方式提高中国农业经济增长，是一种以牺牲环境为代价、不可持续发展的农业经济增长路径。如何以提升农业生产率来保障中国的粮食安全、促进中国农业经济增长，是中国学术界、各级党和政府一直关心的首要问题。因此，对中国农业生产率问题的研究一直是学术界研究的重点和热点问题，取得了丰富的理论成果。现有文献成果主要体现在以下几个方面：

1.3.1　有关中国农业生产率测度内容方面的研究

要解决中国农业生产率的问题，面临的首要问题是农业生产率的测度内容，即需要测度什么。农业生产率的问题本质上是农业经济增长问题，利用生产率理论在农业经济领域中的具体应用。生产率测度自Solow（1957）开创以来，测度的内容包括从单要素生产率到多要素生产率，再到全要素生产率。因此，测度农业生产率的内容就包括农业经济增长的单要素生产率的测度、农业全要素生产率及其分解效率测度和全要素生产率增长及其分解测度。

（1）单要素生产率。生产率是指决策单元，如厂商所生产的产出与所需投入的比值。当生产只有单投入单产出或多投入单产出时，计算相对简单，如劳动生产率、资本生产率。因此，单要素生产率是生产要素的生产率，包括劳动力、资本、物质与服务费用等要素投入量所带来的经济产出，是衡量产品生产过程中要素投入产出效率的重要指标。如：王红瑞和冉圣宏（1999），陈伟平（2006）将农业生产率界定为单项要素的投入产出；高帆（2008）测算了农业生产率的单要素劳动生产率；邹晓梅（2018）测算了我国资本生产率的变化。还有，如宋德勇、赵菲菲（2018）就环境规制和资本深化对劳动生产率的影响做了实证分析；盖庆恩、朱喜、陈名望、史清华（2017）就中国土地资源的配置不当对中国农业劳动生产率的影响进行了实证检验；以及我国粮食劳动生产率地区差异及分解分析（王琛、吴敬学、钟鑫，2015；张恒、郭翔宇，2021）。

单要素生产率虽然能较好地测度单个要素的生产率贡献，但是当涉及多投入多产出时，计算就复杂得多，在这种情况下，我们通常定义的生产率实际上是指全要素生产率，它是一种包括所有生产要素投入对产出的生产率测量。

（2）全要素生产率。全要素生产率是指投入各要素，如土地、资本和劳动等投入之外的技术进步和资源配置和管理能力等导致的产出增加，是剔除投入要素产出贡献后所得到的残差，此残差由Solow（1957）最早提出，因此又称索洛残差（郭庆旺、贾俊雪，2005）。索洛的残差真正反映了经济增长的本质，能真正反映多投入多产出除投入要素以外的知识水平、管理技能、制度环境和技术进步等带来的经济增长（鲁晓东、连玉君，2012）。另外，全要素生产率可以进一步分解成纯技术效率和规模效率或成本效率、配置效率等，全要素生产率指数变化又可以分解成技术效率变化、技术进步变化、纯技术效率变化和规模效率变化。

因此，全要素生产率成了学者研究中国农业生产率的热点问题。多数文献成果运用了省际面板宏观数据对中国农业全要素生产率进行了实证研究，如［高帆（2015），葛静芳、李谷成、尹朝静（2016），李文华（2018），姚增福、刘欣（2016）］等利用中国31省份的面板数据研究了中国区域农业全要素生产率的演变趋势和影响因素，探讨中国农业全要素生产率区域差异与收敛性问题，也利用31个省份的面板数据实证分析了我国农业全要素生产率的核算和地区差距分解。另外，也有学者从农户微观数据对中国农业的全要素生产率进行有益探索（李承政、顾海英、史清华，2015；高鸣、宋洪远、杨万江、李琪，2016；高鸣，2017；孙良斌、方向明，2017；高鸣、宋洪远，2018；龚斌磊等，2020）。这些研究成果从不同视角利用宏观和微观数据对中国农业全要素生产率进行了深入研究。

1.3.2 有关中国农业生产率测度方法方面的研究

研究中国农业生产率，选择适合的测度方法是一个关键问题，直接关系到研究结果的科学性和可靠性。从当前的文献成果来看，主要有两大测度方法：

（1）第一类是参数估计法

这类方法是运用Cobb-Douglas生产函数或在此基础上进行扩展，发展而来的Solow余值法、不变替代弹性生产函数、可变替代弹性生产函数、参数法的随机前沿生产函数、非线性随机前沿函数和超对数生产函数等多种模型的参数估计方法。

参数法的运用，一般研究者运用Cobb-Douglas生产函数，以参数形式根据研究的对象和控制变量设定生产函数的具体形式（可以包括时间变量）和随机项的分布形式，利用计量经济学的最小二乘法OLS或最大似然法估计、贝叶斯估计和生产前沿面，测算出技术效率。

中国学术界运用随机前沿生产函数对中国粮食和农业生产率进行了大量研究。例如：Kalirajan et al.（1996）利用中国省际数据，比较研究了中国农村改革前后的农业生产全要素生产率增长情况；Xu and Jeffrey（1998）运用中国江苏省水稻种植的横截面数据比较分析了中国传统农业和现代农业在技术效率和技术进步方面的差异；Chen and Huffman（2002）运用允许技术效率随时间可变的随机前沿分析方法，考察了中国粮食生产的要素产出弹性，并分析了技术效率的影响因素。

还有学者应用含有无效率项的随机前沿生产函数参数模型，并对粮食和农业的生产技术效率进行了测算（乔世君，2004；亢霞、刘秀梅，2005；李谷成等，2007；范群芳等，2008；黄金波、周先波，2010；张恒、郭翔宇；2021）。

另外，还有田维明（1998）用随机前沿生产函数的方法估计了中国小麦、玉米和水稻的前沿生产函数，测算了其技术效率；陈磊、史清华、顾海英（2014）运用投入产出的Cobb-Douglas生产函数探讨农户的土地流转是否有效率；黄祖辉、王建英、陈志刚（2014）也在C—D函数基础上运用一步随机前沿函数考察了稻农的土地流转市场参与、地块来源（从其他农户租入还是集体分配）、非农就业情况，以及土地碎化状态等对水稻生产技术效率的影响。

（2）第二类是非参数估计法

这类方法最常用的是：确定性的非参数数据包络方法，以及在此基础上拓展而来的各种模型，如二阶段、四阶段 DEA 方法或 bootstrap DEA 等方法；指数方法，如测算全要素生产率变动的Malmquist、Malmquist-Luenberger指数法；半参数或完全非参数的随机前沿模型函数。

这类方法研究的基本思想是假定决策单元生产过程是确定性的，对生产技术效率及生产效率的模型函数形式不做具体设定，是以所观察到样本数据的技术信息来构造生产可能性集合。在此技术和效率条件下，所有决策单元的个体生产方式都包括在生产可能性集合里面，通过线性规划求距离函数的最大值或最小值的方法测算技术效率、规模效率、全要素生产率等。

在中国农业和粮食生产率应用方面，黄金波、周波先（2013）根据1978—2012 年中国30个省区市的面板数据，为了克服模型设定误差，运用半参数和完全非参数的随机前沿模型，并采用局部线性估计方法，对改革开放以来我国粮食生产随机前沿面和技术效率进行了半参数和非参数模型估计和测算。另外，有些学者还利用非参数方法研究了中国粮食生产技术效率和全要素生产率的增长趋势（陈卫平，2006；李周、于法稳，2005；全炯振，2009；王璐、杨汝岱、吴比，2020）。

（3）两类测度方法的优缺点评价

第一类参数估计方法运用的优点是：如果模型设定符合投入产出的实

际情况，那么可以估计出全要素生产效率或技术效率无偏、一致性的估计参数，而且参数估计法考虑了随机误差项对模型带来的影响，可以对模型进行统计检验和计量经济学的假设检验。

但是其缺点是：如果模型设定的形式与实际生产过程的投入产出关系存在偏差，则所得的估计参数可能是有偏的，存在非一致性，在这种情况下，估计结果可能带来很大的偏差而不可靠。

第二类非参数估计方法的优点是：①利用数据包络分析法（DEA）及其各种拓展模型在进行测度时，不需要对生产函数模型的具体形式、技术进步中性或有偏等技术参数形式做具体限定，避免了因生产前沿面模型形式的错误设定对技术效率和全要素生产率测算造成影响；②Malmquist指数法能够实现对TFP动态变化的分解，这样能够动态地看出每个组成部分效率的变化及其对总TFP变化的贡献大小。

但这类方法也存在很多不足：首先，忽视了数据测度的随机误差和数据的随机扰动给生产率测度带来的误差，不能对生产技术进行统计推断；其次，也无法测定农业生产过程中的时间效应和个体效应；最后，此类方法对决策单元的异常值反应非常敏感，变异性较大的异常值可能导致生产前沿面发生较大的波动，影响测度结果的稳定性，给测定结果带来较大的偏差。

中国农村转型下影响农户农业投入产出的因素过于复杂，难以对生产函数具体形式和技术中性或有偏做出合理的判断，因此，在本书研究中，选择DEA数据包络法对农户农业全要素生产率及其分解效率进行测度，同时应用DEA-Malmquist指数法对农户农业全要素生产率的增长及其来源进行测度分析。

1.3.3 有关中国农村转型对农户农业生产率影响方面的研究

中国农业发展及现代化进程中，农业生产率一直发挥重要的作用，中国的农业生产率持续提高。但是，当前中国农村正处在转型的剧烈时期，邓宏图（2012）认为现在中国农业和农村正处在急剧的转型期，中国长期实施的城市化和工业化战略，导致了现在农村落后和萧条状态。2013年中央一号文件就农村、农业转型过程中出现的新问题，指出在人口转变、劳动力非农化、农民收入结构改变的情况下，通过家庭内部进行土地调剂和发展土地市场来解决这些新问题。那么，这些转型的新问题对中国农业生产率会产生哪些影响？

（1）农户农业规模经营对农业生产的影响。农村转型下农户分化对土地的流转产生了显著正影响（聂建亮、钟涨宝，2014），土地流转又加速了农户土地经营规模分化。一种观点认为，农户的经营规模对农业生产率有明显的正向影响（史正富，1995），农户的规模生产是因为具有规模报酬递增效应（张光辉，1996）；也有认为土地规模对农业生产效率有显著的正影响，因为效率高的农户更愿意流入土地，而效率低的农户更愿意流出土地（黄祖辉、王建英、陈志钢，2014；陈磊、史清华、顾海英，2014）。但另一种观点认为，农地规模没有促进农业生产的增长，甚至降低了农业生产的产出水平。

另外，蔡基宏（2005）构建了农户模型，把兼业和经营规模同时引进模型进行了分析，认为如果大规模经营的农户不从事兼业，那么规模经营有可能促进农业生产率的增长，但是经营规模大而又兼业，那么，农业生产产出效率是降低的。李谷成（2008）以湖北农村为案例，分解了农户的农业生产率，研究表明，农户的土地生产率与农户的经营规模是负相关关系，但是农户的用工生产率和劳动生产率、技术效率和经营规模是正相关关系，而农户的全要素生产率与农户的经营规模相关性不大。

（2）农户兼业对农业生产率影响。现有文献表明：兼业程度对农户的农地产出有负向的影响（何浦明，2001；周飞，2003）。有从农户兼业后导致劳动时间的减少，农户的耕种制度（如，双季稻改为单季稻）、耕种品种（水稻田种玉米或其他作物）也发生了改变，从而降低了农业的产出。如王全忠、陈欢、张倩等（2015）研究了南方农户的水稻种植，认为当前农户兼业导致了水稻种植的"双改单"，这种耕种制度的改变正以一种不可逆转的态势发展，这对中国粮食的产出造成了较大的影响，威胁到国家的粮食安全战略。

黄季焜和罗斯高（1996）较早就指出，农村经济快速发展和农民收入大幅度地提高将导致农业生产劳动力机会成本上升，从而导致双季稻的种植面积下降；陈风波和丁士军（2006）的研究也发现非农活动的增加会减少稻农的水稻种植面积。

还有，梁流涛等（2008）构建了一个理论框架，分析了农户兼业对土地利用行为及其产出效率的影响机制。在此框架下还比较了不同兼业类型农户不同的土地利用行为及其对土地利用效率的影响，表明不同兼业类型的农户对土地的利用行为和效率存在显著的影响，已影响了农业的生产。

李宪宝、高强（2013）认为，针对农户分化的现实情况，应结合农户分化的特征进行有针对性的政策安排，这对当前普惠制的农业政策提出了政策效果的质疑。也有研究提出，政策应大力鼓励非农兼业农户将土地资源流转给种植大户，避免出现像日本农户"兼业滞留化"的问题（速水佑次郎等，2003），避免耕地资源效率损失，导致农业生产率降低（张务伟、张福明、杨学成，2009；徐勇，2010；余航等，2019）。

（3）农户人力资本变化对农户农业生产率的影响。如：盖庆恩、朱喜、史清华（2014）以调查实地农户微观数据实证表明，中国农村转型，大量青壮年劳动力进城务工，农业生产主要靠老人、妇女和孩子，这种劳动力投入素质的下降，已经影响了农业生产的效率，给农业持续增长带来了挑战。

"中国农业技术推广体制改革研究"课题组（2004）通过对中国农村专业技术推广人员和农户的抽样调查，发现中国农业技术推广人员存在知识老化、断层，整个推广体系投资不足，推广方式落后，体制设置不合理等诸多问题。

（4）农户农业生产方式转型变化对农户农业生产率的影响。在农村转型前，农村劳动力过剩，种子、化肥、农药、除草剂、机械动力等生产要素投入量较少，劳动力投入量较大，是一种典型的劳动密集型生产方式。但随着工业化和城镇化的推进，农村劳动力的大量转移，农村家庭要素禀赋已经发生了极大改变（吴丽丽、李谷成、周晓时，2015），劳动力在农业生产中的投入大量减少，取而代之的是资本深化（李谷成，2015），通过大量的化肥、农药和农业机械的投入，农业生产进入了资本密集型生产方式时期。那么这种生产方式，到底对农业生产率有多大影响，现有文献没有给出实证的研究结论，特别是大量的化肥、农药等要素投入造成的农业面源污染对土壤和生态环境的破坏，直接关系到农业的可持续发展。

王冰（2007）认为：农村转型面临国际市场竞争、劳动力转移的紧约束，导致农产品价格国际竞争力弱、劳动力转移的就业压力大、土地和水资源紧缺，农村集体土地制度长期存在的条件下，难以采用美国以农业现代化模式或者法国和英国以工业化带动农村社会转型的模式解决中国的农村转型问题，这些模式是大规模化经营、高补贴、采用高技术和高机械化的生产，都是中国农村转型难以借鉴的模式，东亚小农经济特别是日本的农村转型的经验值得借鉴。

1.3.4　对现有文献的评述

综上所述，当前国内学者对利用农业经济增长理论、生产率理论来解决中国农业生产率的测度内容、方法问题、全要素生产率增长的来源、影响机制及影响因素等方面的内容进行了深入研究，取得了丰富的理论成果，为本书系统研究中国农村转型下农户农业生产率的增长问题提供了理论基础、方法借鉴和重要启示。但是现有文献研究也存在下列不足之处：

（1）现有文献成果大多数集中在利用省际面板宏观数据研究中国农业生产率，这种以省份区域为农业投入产出的决策单元来研究农业生产率水平存在下列不足：

首先，这种以省份区域作为农业投入产出的决策单元，没有考虑中国每个省份区域间的气候、土壤和地形等自然因素对农业生产率的影响，而实际情况是中国每个省的气候、土壤和地形等自然因素都各不相同，这些自然因素对农业生产的影响是非常显著的。因此，以省份区域作为样本研究可能由于省份样本的差异过大造成研究结果存在较大偏差。

其次，以省份区域作为样本研究难以反应微观农户的农业生产投入产出的决策行为，而农户的投入产出决策行为才是农业生产率提升的真正执行主体。

（2）现有文献以农户作为样本研究的农业生产率也可能存在偏差。虽然也有不少文献成果从农户的视角对农业生产率进行了研究，但多数文献是以小麦和水稻等单品种农作物为例来研究中国农户农业生产率水平，可能难以测量出农户耕种多种农作物配套的耕作制度产生的综合农业生产效率；另外，有些文献调查农户的样本量偏小，可能也存在一定程度上的偏差。

（3）现有文献对农村转型对农业生产率的影响没有放在一个理论框架内来研究。这种分散研究不同转型因素对农业生产率的影响，由于没有控制其他转型因素变化的影响，可能会导致估计结果产生偏差。中国农村转型是整个中国农村从社会、农户和农业系统转变的系统过程，因此转型的因素是相互关联变化的，只有放在一个研究框架内进行探讨和实证，才可能避免研究产生较大的偏差。

（4）现有文献没有对农村转型期农户超重肥胖对农户农业生产率的影响进行深入研究。在中国农村转型期，由于农户饮食生活行为习惯的改变导致的农户超重肥胖现象越来越凸显。如武阳丰等（2005）调查指出2002年我国18岁以上居民的超重率为17.6%，肥胖率为5.6%，比较1992年的调查数据已经大幅上升；张一鸣等（2018）对浙江省德清县农村成人（18岁以上）2006—2008年、2011—2012年和2013—2014年调查发现超重率依次为22.23%、29.97和28.18%。虽然，当前文献初步表明，我国农村的成人超重肥胖问题已成为影响到农户的健康资本，从而影响到农户的工资和农业收入（孙良斌、任建超、杨园争，2015），但是转型期中国农户超重肥胖对农户农业生产率是否产生影响，需要进一步深入探索。

因此，本书在现有文献成果的基础上，首次利用世界银行贷款中国新农村生态家园富民工程项目问卷调查的大样本农户数据，把农村转型的农村社会转型、农户转型和农业转型纳入一个研究框架来考察其对中国农户农业生产率的影响。同时，本书还从农村转型中出现的农户超重肥胖的健康资本角度来考察转型期农户人力资本的变化对农户农业生产率的影响。本书通过对这些问题的研究，来解释中国农村转型对中国农户农业生产率的影响变化，以期为提升中国农户农业生产率提出有意义的政策建议。

1.4　研究目标与内容

1.4.1　研究目标

本书研究的总目标是：考察农村转型（农村社会转型、农户转型和农业转型）中各种因素变化对农户农业生产率增长的影响机制和影响因素，从而为提升中国农业生产率提供政策制定的理论参考依据。

根据这一总目标，分解制定了下列具体目标：

（1）通过调查数据的描述性统计，分析中国农村转型变化的基本概况；

（2）通过量化测度，比较不同转型农户农业生产率水平及其变化；

（3）农村转型因素变化对农户农业生产率影响的作用机制；

（4）农村转型因素变化对农户农业生产率水平影响因素的实证检验；

（5）农村转型农户超重肥胖对农户生产率的影响；

（6）农村转型农户农业生产率增长源泉、瓶颈及其影响因素。

1.4.2　研究内容

根据上述研究目标，本书研究内容共分十章：

第一章是导论。这部分主要是通过背景观察分析和文献综述提炼出本书研究的问题、研究的理论意义和现实意义，设计论文研究的理论框架，根据理论框架和研究方法形成具体的技术路线图，使研究内容具体、思路清晰和具有创新性。

第二章是相关概念和理论基础。本章主要厘清了本书研究的重要的核心概念：农村转型的界定以及其具体内容，包括农村社会转型、农户转型和农业转型的界定；农业生产率的界定，一是指通过农户投入产出测定出来农业综合技术效率及其分解的规模效率、纯技术效率、配置效率和成本效率等静态效率，二是指全要素生产率变化指数，该农业生产率测出来的是动态变化的指数，可以进一步分解为技术效率变化、纯技术效率变化、技术进步变化和规模效率变化，以及对效率有效与效率变化程度进行了界定。这些核心概念的界定为整个论文研究提供了边界，避免产生歧义。理论基础的分析是本书研究的理论依据，这些理论主要包括农业经济增长理论、农户行为决策理论、规模经济理论、全要素生产率理论和人力资本理论。

第三章是中国农村转型概况分析。本章主要是对中国农村转型，包括农村社会转型、农户转型和农业转型进行理论分析和调查问卷的描述性统计分析。

第四章是农村转型对中国农户农业生产率的作用机制。本章主要从定性理论的角度对农村转型的各因素变化是如何影响农户农业生产率的作用机制进行了深入分析，形成理论影响的理论模型，提出有待实证检验的理论假说。

第五章是中国农村转型农户农业生产率测度与比较。主要把农户根据转型因素的变化不同进行分组，然后测度农户农业投入产出的农业综合技术效率及其分解效率，并通过比较来考察不同转型因素变化农户的农业综合技术效率及其分解效率是否不同。

第六章是中国农村转型对农户农业生产率影响的实证分析。在第五章测量和比较农户农业综合技术效率的基础上，本章通过Logit回归模型对农村转型的因素变化对农户农业综合技术效率是否有效率进行实证检验，并通过Tobit回归模型对农户农业综合技术效率的影响程度进行实证检验。

第七章是中国农村转型健康资本对农户农业生产率影响的实证分析。本章主要尝试探讨中国农村转型下，由于农户农业生产方式、饮食生活行为习惯等发生改变导致的超重肥胖这一越来越凸显的新现象新问题是否对农户的农业生产率产生影响。农户的超重肥胖可能引致的慢性疾病影响了农户的健康资本，导致了农户的劳动生产率下降，影响其农业生产收入，对其投入产出的农业生产率产生负向影响，本章尝试对这一新问题对农户农业生产率的影响进行实证检验。

第八章是中国农村转型农户农业生产率增长源泉与瓶颈分析。本章主要通过DEA-Malmquist模型对中国农村转型的整体农户样本及分类农户样本的农业全要素生产率增长进行测度，通过测度农业全要素生产率变化指数及其分解指数来分析整个样本农户、单品种作为水稻样本农户，及不同转型农户农业全要素生产率增长的来源及瓶颈制约因素。

第九章是中国农村转型对农户农业生产率增长影响的实证分析。在第七章测度量化数据的基础上，利用Tobit回归模型对中国农村转型对农户农业全要素生产增长及其分解变量变化的影响进行实证检验，并利用分位数回归模型对不同农业全要素生产率农户的影响因素进行了实证检验，来探讨不同农业全要素生产率的农户的影响因素是否显著不同。

第十章是研究结论和政策建议。本章是论文的结论总结阶段，对实证检验的结果进行深入分析，得出本书的研究结论。并根据研究结论的政策含义，提出提升中国农业生产率的政策建议，为当前中国农村转型期下以提升农业生产率推进中国农业供给侧结构性改革和高质量发展，实现乡村振兴战略宏伟目标提供政策决策的理论参考。

1.5　研究方法与技术路线

1.5.1　研究方法

根据研究思路设计，为了完成研究目标和研究内容，本书主要采用下列主要研究方法：

（1）定性与定量相结合的研究方法。首先，通过问卷调查和文献理论研究从定性的角度对农村转型期中国农村社会、农户及农业发生的那些转型的变化，以及农村转型对中国农户农业生产率的影响机制与影响因素等进行了定性理论分析，为实证检验提供理论依据。其次，由于中国农村转型期的因素多且影响复杂，难以准确估计农业生产的具体生产函数形式，因此，本书为了避免主观设计生产函数带来的偏差和估计的不一致性，选取DEA、Malmquist等定量方法对农村转型期中国农户农业生产率水平及农业全要素生产率增长指数变化及其分解变量进行量化测度，为不同转型期下农户的农业生产率比较及实证检验提供了量化的基础。

（2）比较分析法。通过比较农村转型下农村社会转型、农户转型和农业转型中的各种因素变化引起农业生产率水平和农业全要素生产率增长指数变化的大小，定量地评估出农村转型下各因素变化对农户农业生产率影响的大小。

（3）计量经济分析法。通过问卷调查农户样本数据，利用计量经济学方法实证检验农村转型的各因素对农户生产率的影响是否具有统计学意义的显著性影响。由于DEA测量的综合农业生产率、技术效率、规模效率、配置效率以及成本效率等数值属于（0~1）的截断数据，因此用Tobit回归计量模型进行实证检验。本书为了探讨农村转型因素对农业生产率是否有效率，进行影响因素分析，如果有效率（生产率测度数值为1）则为1，无效率（生产率测度数据为0）则为0，那么可以用Logit二元离散回归模型进行检验。同时为了探讨对不同效率水平农户影响因素的差异，本书还通过分位数回归计量模型进行实证检验，分位数回归模型可以较好地克服因变量的异常值对回归模型参数估计的影响，实证结果更为稳健。

（4）倾向得分匹配法。为了较为科学地估计出超重农户相对非超重农户对农业生产收入的影响，从而估计出对其农户农业生产率的影响，本书利用倾向得分匹配法实证对农村超重相对于非超重农户收入影响的效应，从而间接估计出对农户农业生产率的影响进行实证检验。倾向得分匹配法是一种准自然实验方法，根据个体行为选择的倾向得分通过加权，把对照组和处理组匹配起来，是克服内生性偏差的方法之一。

1.5.2 技术路线

当前及今后相当长的一段时间内，中国传统农村正处在向现代社会转型的剧烈变化期，那么这种转型的各种因素变化对中国农户的农业生产率水平及其增长变化又会产生什么影响？为了探讨、解决这些重要问题，本书研究的基本思路是：

（1）首先，通过文献研究、问卷调查和实地访谈相结合的方法，厘清中国农村转型的基本事实，把中国农村转型的具体内容，包括中国农村社会转型、中国农村农户转型和中国农村农业转型纳入对中国农户农业生产率影响研究的统一框架来进行理论分析；

（2）其次，通过测量不同转型农户的农业生产率，并通过比较分析，来观察中国农村转型的具体内容是否对农户的农业生产率水平产生明显影响，然后再通过调查的农户样本数据实证检验农村转型的具体内容是否对农户的农业生产率水平产生显著影响；

（3）再次，通过测量不同转型农户的农业全要素生产率增长及其分解变量的变化，运用比较分析来观察农村转型期不同转型农户的农业全要素生产率增长的源泉和瓶颈是什么，在此基础上再利用调查的农户样本数据实证检验农村转型对农户的农业全要素生产率增长的影响作用；

（4）最后，针对中国农村转型期内新出现的农户超重肥胖等影响农户人力资本中的健康资本问题，利用中国综合社会调查（Chinese General Social Survey）调查公开的农户样本数据CGSS2013，来实证检验农户的超重肥胖导致的健康资本是否影响了农户的农业生产率，导致了其农业生产收入显著的负向影响。

根据上述论文研究思路，形成了本书研究的具体技术路线图，如图1-1所示。

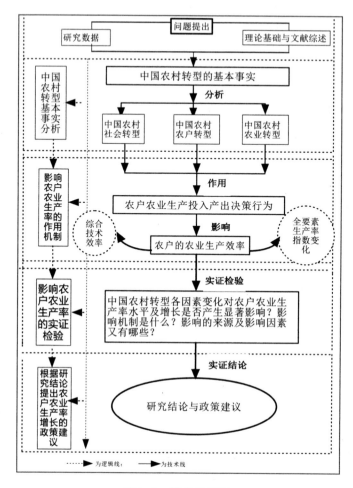

图1-1 技术路线图

1.6 数据来源

本研究主要从农户的角度来探讨农村转型变化对农户农业生产率的影响。因此，所使用的农户样本数据主要来源：

（1）世界银行贷款中国新农村生态家园富民工程项目的农户问卷调查数据。该项目是由中国政府与世界银行合作开展实施，项目实施期为

2009—2014年，项目实施的省市主要包括安徽、重庆、广西、湖南和湖北。为开展项目的影响评估，采用分层随机抽样的方法，选取样本户进行基线、中期和终期监测。在每个省抽取3个县，每个县抽取3个乡镇，每个乡镇抽取5个建制村，每个建制村随机抽取12户农户，在5个省、自治区、直辖市共调查建制村225个，农户2700户，通过2009、2011、2013年三轮跟踪调查共计收集了农户样本量8100户。

（2）中国综合社会调查（Chinese General Social Survey，简称CGSS）的农户样本数据。中国综合社会调查是由中国人民大学中国调查和数据中心负责，是中国最早的全国性、综合性、连续性地全面收集社会、社区、家庭、个人等多个层次的公开数据。本文选择的数据CGSS2013是2015年1月1日公开的最新数据，该数据由作者通过向主持机构注册申请获得。

1.7 可能的创新之处

本书系统地研究了中国农村转型变化对中国农户农业生产率的影响，可能存在下列创新之处：

（1）在研究框架上，本书把农村转型下的中国农村社会、农户和农业转型变化的因素纳入一个农业生产率研究框架之中，对中国农村转型对农户农业生产率的影响进行系统研究，丰富了中国农业生产率研究的理论框架，更有利于系统地考察农村转型对农户农业生产率水平和增长的影响效应。

（2）在研究内容上，本书研究内容系统地包括了中国农村转型的社会、农户和农业的转型变化，不仅测算、比较分析了不同农村转型农户农业生产率的增长程度、增长来源，而且首次利用世界银行贷款中国新农村生态家园富民工程项目的大样本农户调查样本数据对中国农村转型变化对农户农业生产率水平及其增长变化的影响效应进行了实证检验，丰富了现有农村转型对农业生产率影响效应的理论成果。

（3）对新问题进行新探索，提供了新视角。中国农村转型下，农户生产生活方式，饮食行为习惯的改变导致超重肥胖现象越来越凸显，超重肥胖现象引致的慢性疾病已经影响到了农户人力资本的健康资本。因此，本书尝试探讨超重肥胖农户是否影响其农业生产率的增长。该问题的探讨，有利于从超重肥胖的健康资本来观察和解释中国农户农业生产率变化，从而可以为通过农村公共卫生管理、农户营养健康管理和农村人力资本开发等政策来提升中国农业生产率的增长提供新视角。

第二章

相关概念和理论基础

2.1 相关概念

2.1.1 农业生产率

一般意义上，生产率是指决策单元，如厂商所生产的产出与所需投入的比值。生产率按照投入产出时是单要素投入产出还是多要素投入产出可以分为单要素生产率、多要素生产率和全要素生产率。

单要素生产率是生产要素的生产率，包括劳动力、资本、物质与服务费用等要素投入量所带来的经济产出，是衡量产品生产过程中要素投入产出效率的重要指标。全要素生产率按照Solow（1957）的定义，是指投入各要素，如土地、资本和劳动等投入产出贡献之外所得到的残差，真正体现了生产的技术进步、资源配置和管理能力等产生的产出增加和贡献。

由于中国农业生产是多投入多产出，当前转型农户农业生产的技术、生产管理对农业发展起到了巨大作用。因此，根据生产率理论，本书界定的农业生产率是指农业全要素生产率。

农业全要素生产率根据测度的量是静态还是动态，根据测度方法不同又可以分为：

静态的农业综合技术效率，可以进一步分解成纯技术效率和规模效率或成本效率、配置效率等。

动态的农业全要素生产率是指农业全要素生产率变化指数，又可以进一步分解成技术效率变化、技术进步变化、纯技术效率变化和规模效率变化。

总之，根据生产率理论，本书界定的农业生产率是指农业全要素生产率，旨在研究中国农村转型期农户的全要素生产率水平及其增长变化情况。

2.1.2 中国农村转型

转型较早来自"体制转型"，用来表示国家政体或体制的转型。（柯武刚、史漫飞，2004；李谷成，2008；黄季焜，2020）比如，苏联和东欧等社会主义社会和经济体制的转型。根据转型的效果，在实践中形成了华盛顿共识和北京共识。但现在学术界对"转型"仍然没有形成统一的准确界定和内涵，转型变化包含多种意义，如经济转型、体制转型，还有社会转型变化等。

中国农村转型，是指中国农村的经济社会转型，是指中国农村在市场化、工业化、城镇化和农业现代化背景下，经济结构和社会结构在一定时期内发生根本性变化的过程（王冰，2007；文琦，2009；黄季焜，2020）。从发达国家的经验看，农村经济社会转型是一个自耕自给的传统农村向市场化的现代农村转变的过程。因此，按照现代化发展理论，我们可以认为，转型，就是在中国工业化、市场化、城镇化和农业现代化背景下，中国农村从传统农业社会向现代社会转型，这是现代化进程的一般规律（刘奇，2007）。同时刘奇（2007）也认为，随着中国劳动力大量转移，中国农村经济社会形态和结构总体上已经发生了深刻的变化，由"全耕社会"演变为"半耕社会"或称为"农工社会"。

由此可见，中国农村转型是一个漫长复杂的社会变迁过程，国家的市场化、城镇化、工业化和农业现代化的宏观政策改革对其有深刻影响，农村的经济和社会结构发生深刻变化。因此，农村转型内涵包括：（1）农村农户的生产生活方式发生深刻变化，农村内农户分化十分明显；（2）传统农业向现代农业转变；（3）农村社会从封闭的社会走向开放社会，社会日益多样化（项继权，2009）。因此，农村转型是农村的生产结构呈现多元化，主要劳动力非农化，非农收入成为农户家庭主要收入来源，农村人口结构发生变化，农村农业女性化和老龄化趋势明显，农村社会自由度和开放度增强，社会流动加快，农村人口迁移和流动成为常态，农村社会由"熟人社会"变为"半熟人社会"（刘奇，2007），即由"乡土社会"转变为"契约社会"。另外，还有研究认为，中国农村转型的内涵是由一个小农经济占主导，农村劳动力过剩的具有传统经济、政治和文化的农村社会，转变为一个现代农业生产方式和现代农村社会的过程（王冰，2007；郎晓波，2014；黄季焜，2020）。

截至目前，学术界和政府部门对中国农村社会经济转型正在发生的深刻变化没有异议，但对于中国农村转型期的划分没有统一的标准。但总体上认为，中国农村转型可以分为三个阶段：1949—1978年中华人民共和国成立、完成土地革命，大大解放劳动生产力，此阶段的农村农户差别不多，基本处于同质状况，为转型的第一阶段；1978—1993年是家庭联产承包责任制的改革，以经济建设为中心，劳动力等农业生产要素开始市场化，劳动力外出务工潮开始出现，中国农村发生了快速变化，农户开始分化，为转型的第二阶段；1994年国家有关部门颁发了《农村劳动力跨省流动就业管理暂行规定》，中国农村劳动力大量转移，农村农业和社会发生了极大变化，农户分化明显，为转型的第三阶段（文奇，2009）。目前，中国农村正处在转型的关键时期，随着我国工业化、新型城镇化和农业现代化的推进，农村经济社会转型将进一步深化。

因此，根据以上对转型的界定和内涵分析，本书研究认为中国农村转型，是在国家的市场化、城镇化、工业化和农业现代化宏观政策改革深刻影响下，中国农村社会转型、农户转型和农业转型的综合转型的一个系统演变过程。

（1）中国农村社会转型。农村社会转型是指中国农村社会由传统封闭落后的乡土社会转变为现代开放文明的现代社会，具体可包括：农村社会由交通不发达、闭塞落后的乡土社会变为现代化基础设施发达畅通的现代社会；农村基层政权和人文商业环境建设日益现代化；农村自然环境日益变善，成为美丽乡村、宜居社区的美丽家园等。

（2）中国农村农户转型。农村农户转型是指中国农户的传统职业、收入来源、人力资本发生了转型变化。具体表现为：农户的职业已经有普遍的非农化、兼业化转变；农户的非农收入成为农户家庭主要收入来源；农村人口结构发生变化，农村农业生产女性化和老龄化趋势明显，农村的教育和农技培训使一部分农户向懂技术、会管理、规模化经营的现代农民转变，农户饮食生活、行为习惯改变导致的超重肥胖引致的慢性疾病问题，已经影响到了农户的健康资本，从而影响农户的农业生产率增长。

（3）中国农村农业转型。农村农业转型是指土地流转改变了农业的生产规模，改变了传统小规模经营农业；农业发展从传统依靠要素投入转为依靠农业生产技术进步，如：采用先进生产技术，耕种良种，改良土地；农业向绿色发展、高质量发展转变，如：农户减少化肥农药施用，采用有机肥，追求农产品高产优质方面转变。

2.2 理论基础

2.2.1 经济效率理论

在经济学历史的长河中，经济学家一直试图探讨财富增长和经济增长原因，经济效率成了最热的经济学概念，但不同时期的经济学家关于经济效率的理解有偏差。古典经济学的代表人物亚当·斯密（Adam Smith，1776）在其著名的代表作《国民财富的性质和原因的研究》中提出，促进经济增长要通过劳动分工提高劳动生产率来实现。后来，大卫·李嘉图（David Ricardo）沿用了亚当·斯密的思路对经济生产率增长问题进行了研究；威廉·配第在《赋税论》中指出，提高劳动生产率是促进一个国家的财富增长最重要的因素。还有，萨缪尔森在《经济学》中定义的经济效率，意大利经济学家帕累托提出的帕累托效率。

另外，新古典经济增长理论中论述了效率理论，如Hiram Davis（1954）在其《生产率核算》专著中，首次提出了全要素生产率。Solow（1956）提出了一个生产要素可以替代的生产函数F=AF（K，L），把生产的劳动投入、资本投入和技术进步表示为产出的函数。在此，Solow假设生产函数技术中性并生产规模报酬不变，将生产函数两边对时间t求导数，再除以产出Y，则可以得到公式（2-1）。

$$\frac{dY}{Y} = \frac{\partial F}{\partial K} \cdot \frac{K}{Y} \cdot \frac{dK}{K} + \frac{\partial F}{\partial L} \cdot \frac{L}{Y} \cdot \frac{dL}{L} + \frac{\partial F}{t} \cdot \frac{t}{Y} \cdot \frac{dt}{t} \qquad （2-1）$$

公式（2-1）中，$\alpha = \frac{\partial F}{\partial K} \cdot \frac{K}{Y}, \beta = \frac{\partial F}{\partial L} \cdot \frac{L}{Y}$ 分别表示资本的产出弹性系数和劳动的弹性系数；

而 $a = \frac{\partial F}{t} \cdot \frac{t}{Y} \cdot \frac{dt}{t}$ 则表示生产函数的技术进步，这样"技术进步"的变化就可以表示为产出的增长减去资本和劳动增长加权平均的剩余，这就是著名的Solow"残值"，解释了生产要素投入之外的产出增长，此"技术进步"变化可表示为下列公式（2-2）。

即技术进步的变化为：

$$\frac{\dot{A}}{A} = a = \frac{dY}{Y} - (\alpha \frac{dK}{K} + \beta \frac{dL}{L}) \qquad （2-2）$$

1967年Jorgenson和Grilichens根据Solow的思想提出，全要素生产率就是由资本和劳动等生产要素投入不能解释那部分产出增长的剩余，开启利用生产函数和随机前沿函数测算全要素生产率的定量方法。

尽管这些经济效率的概念都表达了经济增长的思想，但是概念界定还是各有不同，内容十分广泛。因此，本书研究的效率，主要根据Shephad（1970）、Farrell和Primont（1995）等人提出的经济效率理论来定义农业生产率。

Farrell（1957）认为企业效率包含两部分：一部分是技术效率；另一部分为配置效率。技术效率是企业在既定的技术和环境条件约束下给定投入下的最大产出能力；配置效率是企业在既定技术水平和价格水平条件下，为了获得最大产出，进行最优配置投入资源的能力。通常，Farrell定义的经济效率可以通过投入角度和产出角度进行测量。

（1）从投入角度测量经济效率。如果假设规模报酬不变，两要素投入产出模型，投入要素（X_1，X_2），产出为（q），那么基于投入导向的效率测度就是Farrell规模报酬不变CRS模型，如图2-1所示。

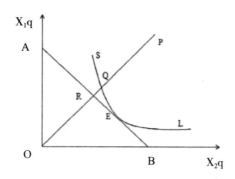

图2-1 基于投入导向的效率测度

在图2-1中，SL表示不存在任何效率损失的等产量线，OP这条线段是生产主体采用不同投入要素X_1和X_2组合生产不同产出组成的；QP代表生产主体的技术效率损失，即在当前技术水平约束下，初水平既定不变时生产者能够按照同比例缩减的投入要素组合的数量，则TE＝OQ/OP就是技术效率。从图2-1中可以看出，技术效率TE的取值范围在（0～1）之间，当TE＝0时，表明生产技术效率无效率；当TE＝1时，则技术效率完全有效率。

如果知道两种投入要素X_1和X_2的市场价格w_1和w_2时，就可以求出生产成本线AB的斜率，求出等产量线SL和等本线AB的切点E，即为最小成本点。由此可见，成本效率（Cost Efficiency，CE）CE＝OR/OP。通过求CE和TE之间的数量关系，可以求出配置效率AE，即AE＝CE/TE＝（OR/OP）/（OQ/OP）＝OR/OQ，AE的取值范围也在（0～1）之间。

（2）从产出角度测量经济效率。同样假设规模报酬不变，投入一种生产要素（X），两种产出为（q_1，q_2），那么基于产出导向的效率测度就是Farrell规模报酬不变CRS模型（Constant Returns to Scale，CRS），如图2-2所示。

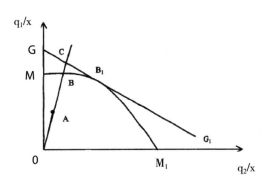

图2-2　基于产出导向的效率测度

图2-2中，MM_1是在既定技术水平下投入生产要素x产出（q_1，q_2）的生产可能性曲线；则从图上可以看出：由于A点在现有技术水平下位于生产可能性曲线内部，没有达到可能性产量边界，存在技术效率和资源配置效率的损失，因此是技术和配置资源的无效率点；B点到达了生产可能性曲线

上是技术有效率点，但是没有达到等收入线和生产可能性曲线的切点B_1之上，因而存在效率损失，这个效率为配置效率的损失，因此B点是技术有效率而配置无效率点；而B_1点既是在生产可能性曲线上又在等收益线上，产出和收益都到达了最优产出，因此B_1点是技术有效率和配置有效率点，即是经济有效率点。AB线段则就是在既定技术水平下损失的技术无效率部分，生产主体可以在当前既定的要素投入下按照现有产出的比例可同比例增加的产出部分，由此可见，技术效率TE=OA/OB，同理可知，TE的取值范围在（0～1）之间，当TE=0时，表明生产技术效率无效率；当TE=1时，则技术效率完全有效率。同样的原理，可以求出生产主体在A点的收益效率（Rebenue Efficiency，RE），则RE=OA/OC，在根据AE、TE和RE三个效率之间的关系可以计算出生产主体的配置效率AE，即AE=RE/TE=（OA/OC）/（OA/OB），AE的取值范围在（0～1）之间，当AE=0时，表明生产的配置效率无效率，当AE=1时，则生产的配置效率完全有效率。

（3）规模报酬不变经济效率CRS和可变经济效率VRS的比较。如果规模报酬可变，则为规模报酬可变经济效率VRS（Variable Returns to Scale，VRS）。如果假设投入为X，产出为Q，则规模报酬可变与不变的经济效率VRS和CRS的比较，如图2-3所示。

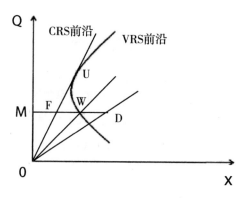

图2-3　经济效率VRS与CRS前沿比较

从图2-3中，VRS前沿代表规模报酬可变状态，CRS前沿是规模报酬不变状态。在规模报酬状态下，综合技术效率TE=MF/MD。从图中可知：如果生产投入产出点在D点生产时，由D点向W点移动可以到达VRS前沿，此时的效率提高是纯技术效率提高；如果W点向U点移动则可以到达CRS前沿，则表示规模效率提高。

纯技术效率PTE=MW/MD；规模效率SE=MF/MW。

则可以得出：TE=PTE×SE=（MW/MD）×（MF/MW）=MF/MD，即规模报酬状态下，综合技术效率是纯技术效率与规模效率的积。

当前，我国农户的农业生产规模远没有达到规模报酬不变的最优规模，农户在既定的生产技术和投入水平下，利用规模效率、纯技术效率和配置效率都能提高农业生产的产出。因此，本书选用基于产出导向规模报酬可变的综合技术效率。

（4）经济效率的动态测度。Fare（1994）在Sten Malmquist（1953）提出来的Malmquist指数的基础上，构建了可以将全要素生产率指数分解为技术进步变化、纯技术效率变化、技术效率变化和规模效率变化的DEA-Malmquist指数变化动态模型。该模型为本书测算农户农业全要素生产率的增长变化提供了方法模型。

2.2.2　农户行为理论

农户是农村最基本的生产经营主体，是农村的微观基础。农户的内涵丰富，既是一个社会经济组织，也是一个通过婚姻关系和血缘关系维系的生活组织，因此，理解农户需要从社会经济组织和生活组织两个层面来理解（韩明谟，2001；卜范达等，2003）。特别是当农村转型下农户的居住和从事的职业等方面与传统农户已经发生了较大的变化。因此，本书根据现有广大农村农户的特征和文献研究界定的农户是指以家庭为单位、以家庭劳动力为主、主要从事农业生产的经济组织。

农户的行为在农村转型下内涵丰富，既包括农户的生产行为，又包括农户的消费行为，还包括农户的综合经济行为等。本书所指的农户行为主要指农户的生产行为，农户利用所有的资源要素投入产出的生产行为。

农户的行为是解决农户、农村和农业"三农问题"的核心，从现有文献看，农户行为理论主要有三大理论：

（1）理性小农理论。该理论来自理性行为学派，是指农户行为是理性的。该理论的代表人物是诺贝尔经济学奖获得者西奥多·舒尔茨。西奥多·舒尔茨（1964）在其代表作《改造传统农业》中提出小农是"经济人"，像任何资本主义企业家一样追求生产要素的配置行为的帕累托最优和市场利润的最大化。波普金在1979年《理性的小农》中进一步发展了舒尔茨的理论，认为农户在进行农业生产和农业经济活动决策时，往往会慎重考虑利益的长期性和潜在的风险因素，农户是能够为利润最大化做出最佳决策的，农户是理性的。

（2）道义小农理论。道义小农即生计小农，理论来自组织生产学派，该派的代表是俄国的A.恰亚诺夫，他认为小农经济农户生产主要为了满足自己，不是为了追求市场上的利润最大化。道义小农来源于美国经济学家J.斯科特在其出版的《农民的道义经济学：东南亚的反叛与生存》一书中提出的道义经济，他认为东南亚小农在其社会和政治制度安排下，生存逻辑"安全第一"是农户行为决策的准则。因而，恰亚诺夫（1996）认为，小农追求规避生存风险第一而不是经济利润最大化，这种经济是低效率的非理性的小农经济。

（3）历史学派理论。该学派以黄宗智为代表人物，他在1985出版的专著《华北的小农经济与社会变迁》一书中提出了农户的"拐杖逻辑"，即认为中国农户家庭的收入是家庭农业收入加上非农用工收入的总和，后者为前者的拐杖。黄宗智认为中国小农经济下的农户既不是恰亚诺夫提出的生计第一的"道义小农"或"生计小农"，也不是纯粹为了追求经济利润最大化所谓舒尔茨意义上的"理性小农"，而是有追求自身家庭利益的最大化，只不过由于社会历史条件的限制导致了"过密化"问题，多余的劳动力不能从农业中分离出来在社会上找到非农工作成为"无产—雇佣"阶层，在中国社会中农户出现了"半无产化"现象，这种现象决定了农户的决策行为，并认为20世纪80年代中国农村改革就是一种农户反过密化的过程。

以上三大理论，都是从当时历史的社会经济环境下探讨的农户的行为理论。当前，随着中国改革开放经济40年的高速增长，中国农村发生了巨大的变化，农户的生计问题已经解决，但是发展也不均衡。因此，本书认为在中国东部发达地区农村，农户是理性小农，在中西部落后地区农村，农户是兼顾生计和市场利益最大化的有限理性小农。总体来看，中国广大农村，农户能够根据自己利益的最大化进行农业生产投入产出行为的理性决策。史清华（1999，2001，2005，2016），林毅夫（1988），张广胜（1999），张建杰（2007），姜安印、杨志良（2021）等学者基于田野调查和固定观察的农户数据研究认为，中国广大农户基本上是理性小农。因此，本书认为中国农户的农业生产投入产出决策行为是理性行为。

2.2.3　人力资本和健康资本理论

人力资本理论随着人们探寻经济增长而不断发展，其思想最早可追溯到亚当·斯密（1776）的《国富论》，亚当·斯密在这本大作中指出，工人增进的熟练程度，可以和便利、节省劳动的机器和工具一样被当作固定资本。舒尔茨在前人理论的基础上，研究了落后农业国的农民与发达工业国的工人收入发现，劳动者的收入与其智力和技能有很大关系。舒尔茨的《人力资本投资》是人力资本理论的奠基之作。舒尔茨认为，人力资本一种相对于物力资本而言的资本形态，是人所拥有的知识、技能、经验和健康等。这个定义，较为全面地指出了人力资本所包括的五大类内容，为培育人力资本进行教育、培训和公共卫生服务提供了理论依据。舒尔茨在探求传统经济增长理论无法对国民收入高和国民收入低的差异中发现了人力资本的作用，创立了人力资本。舒尔茨认为人力资本的积累是一国社会经济增长的真正源泉。

卢卡斯（Lucas，1988）的理论支持了舒尔茨的观点，同样认为人力资本积累是经济持续增长、产业发展的决定性因素和真正源泉。并且，卢卡斯以阿罗"干中学"模型为基础，构建了人力资本积累模型，指出外部作用对人力资本开发和积累的重要作用。由此可见，农村转型下，农户的人力资本积累对农业生产率的发展至关重要。

由舒尔茨对人力资本的定义可以看出，健康是属于人力资本的一种，但是没有提出健康资本。在对人力资本分析时，教育、知识、技能以及经验是最主要的人力资本分析范畴，人们常常忽视了健康积累对人力资本的重要作用。Mushkin（1962）正式将健康纳入人力资本的考察范围内，认为人们可通过健康投资（如参加体检、使用医疗服务资源、改变不良的生活行为习惯等），提升个人的健康状况，从而积累健康资本，其健康收益回报最终体现在他的市场劳动表现，包括工作效率、劳动生产率、就业机会及劳动收入水平等。Grossman（1972）在Mushkin（1962）研究的基础上，首次建立了健康资本概念的数理模型，为量化研究健康资本提升劳动者人力资本打下了基础。

中国农村转型期，农户的生产方式、饮食生活、行为习惯发生了较大的变化，如：农业生产方面，机械化代替了高强度的体力劳动；日常生活上，高脂肪高糖高盐的饮食偏好、好吃少动、酗酒抽烟等导致农村农户的超重肥胖越来越成为凸显的新现象，其引起的慢性疾病逐渐侵蚀了农户人力资本的健康资本，已经成为制约农户劳动生产率，影响农业生产率的新问题。因此，本书在研究了一般人力资本教育方面影响因素对农户农业生产率的影响后，特别针对此新现象新问题，从健康资本的角度来探讨超重肥胖是否已经显著影响了农户的农业生产率，为中国农村农业生产培育农户的人力资本进行农村公共卫生干预和营养健康管理等政策制定提供理论参考。

第三章

中国农村转型概况分析

3.1 中国农村转型内容及含义

中国农村转型是一个漫长复杂社会经济演变的系统过程，中国现阶段的新型城镇化、工业化、农业现代化的发展加速推进中国农村的转型变化。（郎晓波，2014；黄季焜，2020）从现有文献考察，可知农村转型内涵包括：

3.1.1 农村社会转型

农村社会转型是指农村社会从闭塞落后的社会走向畅通开放文明的社会，社会日益多样化（项继权，2009）。农村社会转型具体包括两大部分：一是农村社会硬环境转型变化，主要包括农村交通基础设施的变化、去临近城镇县城的公共汽车变化等；二是农村社会软环境的转型变化，主要包括村庄内有农技农资基础设施和农业社会经济活动基础设施的转型变化两方面。农技农资基础设施主要包括村庄农业技术推广站、农资商店等；农业社会经济活动基础设施主要包括村庄开展农业社会经济协会或组织的活动、村内有农村信用合作社、村内有农贸市场等。

3.1.2 农村农户转型

农村农户转型是指农村农户的生产、生活方式发生深刻变化，农村内农户分化十分明显。农村农户转型具体包括三个部分：一是农户劳动力结构转型变化，主要体现为农业生产劳动力"女性化"和"老龄化"；二是农户的工作职业和收入转型变化，主要体现在农户兼业，农业不是主要从事的职业，农户收入来源不是以农业生产收入为主；三是农户的人力资本转型变化，主要体现为农户的教育程度，农户超重肥胖导致的健康资本等方面。

3.1.3 农村农业转型

农村农业转型是指农村农业生产由传统小农经济向现代农业经营方面的转型变化。农村农业转型具体包括三个方面：一是农业经营规模化，体现为土地流转的耕种面积规模变大；二是农业生产技术采纳，体现为良种、机械化等先进农业技术的使用；三是农业的高质量发展，主要体现为农业生产施用有机肥，减少农药化肥施用，耕地改良，提高耕地土壤质量以提高农业产量和品质。

因此，为了把农村转型的具体内容纳入一个理论框架中进行系统分析，本书所指的农村转型的具体内容及含义，可以归纳为表3-1所示。

表3-1 中国农村转型内容与含义

转型内容			具体内涵	指标变量及含义
中国农村转型	农村社会转型	农村社会硬环境转型	村庄交通基础设施	硬化马路、公共汽车等，即指村庄有硬化马路，有去邻乡镇、县城公共汽车等
		农村社会软环境转型	村庄农业技术、农资基础设施	农业推广站、农资商店等，即指村庄内有农业技术推广站和农资商店等
			村庄农业社会经济组织设施	有农业社会经济协会或组织活动，有农村信用合作社，有农贸市场
	农村农户转型	农户劳动力结构转型	农户主要劳动力结构变化	"女性化""老龄化"，即指农业生产劳动力以妇女和老人为主
		农户工作职业和收入转型	农户兼业	兼业程度，即过去1年里不在家居住的月数
			非农收入占比	农户非农收入占家庭收入的比重
		农户人力资本转型	教育程度	教育年限：教育上学的实际年数
			健康资本	农户超重肥胖所导致的健康资本

转型内容		具体内涵		指标变量及含义
中国农村转型	农村农业转型	农业规模化转型	农业规模经营	农业生产面积
		农业技术进步转型	农业技术采纳	良种、农业机械等农业技术采用
		农业高质量发展转型	农业高品质发展	有机肥施用，减少化肥施用
				耕地改良，农产品品质质量

由此可见，中国农村转型是一个包括农村社会、农户和农业逐渐演变的复杂过程，给农业生产带来新的影响。那么，中国农村转型的基本概况是什么呢？本书利用中国新农村生态家园富民工程项目问卷调查的农村数据和农户数据，以及中国综合社会调查的农户样本数据对中国农村转型中的农村社会、农户和农业的转型变化概况进行分析。

3.2 农村转型的数据处理

（1）本书选用世界银行贷款中国新农村生态家园富民工程项目的农户问卷调查数据。该项目是由中国政府与世界银行合作开展实施，项目实施期为2009—2014年，项目省包括安徽、重庆、广西、湖南和湖北。为开展项目的影响评估，采用分层随机抽样的方法，选取样本户进行基线、中期和终期监测。在每个省抽取3个县，每个县抽取3个乡镇，每个乡镇抽取5个建制村，每个建制村随机抽取12户农户，在5个省、自治区、直辖市共调查建制村225个，农户2700户，通过2009、2011、2013年三轮跟踪调查共计收集了2008年、2010年及2012年三年农户的跟踪调查数据，调查农户样本量8100户。在剔除了关键变量及控制变量的拒绝回答、不适用、缺失值，以及异常值的农户数据样本，最终获得4972个有效的农户样本数据。

（2）中国综合社会调查的数据CGSS2013，此数据是2015年1月1日公开的最新数据，主要用来探讨农户超重肥胖是否对其劳动生产率产生影响。

3.3 中国农村社会转型概况分析

中国农村社会转型主要包括农村社区或村庄交通基础设施的变化，村庄技术农资基础设施的变化和村庄社会经济基础设施的变化。根据现有文献和样本数据：交通基础设施主要包括村庄硬化马路或柏油马路，去邻家乡镇县城的公共汽车等；村庄技术农资基础设施包括农业推广站、农资商店等；农业社会经济基础设施包括农业经济组织及其活动，如农民专业合作组织、农业专业协会、农村信用合作社和农贸市场。对农村社会转型数据进行统计分析，2008—2012年农村社会转型的描述性统计，如表3-2所示。

表3-2 2008—2012年中国农村社会转型的描述性统计

社会转型	变量	变量定义	平均值	标准差	样本量
村庄交通基础设施	硬化马路	1=有硬化马路，0=无硬化马路	0.780	0.414	4971
	公共汽车	1=有公共汽车，0=无公共汽车	0.184	0.498	4950
村庄技术农资基础设施	农业推广站	1=有农业推广站，0=无农业推广站	0.164	0.370	4957
	农资商店	1=有农资商店，0=无农资商店	0.474	0.499	4971
村庄农业社会经济基础设施	农业社会经济活动	1=有农业社会经济活动，0=无农业社会经济活动	0.521	0.499	1672
	农村信用合作社	1=有农村信用合作社，0=无农村信用合作社	0.131	0.338	4964
	农贸市场	1=有农贸市场，0=无农贸市场	0.184	0.388	4950

数据来源：世界银行贷款中国新农村生态家园富民工程项目的农户问卷调查数据。

从表3-2可知，2008—2012年中国农村转型中农村社会变化：

（1）农村社会硬化环境的硬化马路平均值为0.780，表明样本中有78%农村铺上了硬化马路包括柏油马路，农村社区的交通基础设施发生了巨大的变化，取得了巨大的成绩；而有去临近乡镇或县城公共汽车的村庄还较少，仅占样本农户的18.4%。

（2）从农村社会转型变化的软环境来看，其中有52.1%村庄有农业相关的社会经济组织及活动。这表明，近几年农业相关的农民专业合作社、农业加工销售的农业经济组织大力发展，取得了巨大的成绩；有47.4%的村庄有农资商店，极大地支持了农业生产的发展；但是有农村金融机构、农业技术推广站及农贸市场的农村比例仍然很低，分别是13.1%、16.4%和18.4%，农村金融、农业技术推广体系以及农村农贸市场这些农业生产经营及发展极其重要的农村软环境的建设与现代农业发展所需要的金融、技术以及市场支持的要求相差很大。农村转型中的社会转型变化情况的具备比例分布，如图3-1所示。

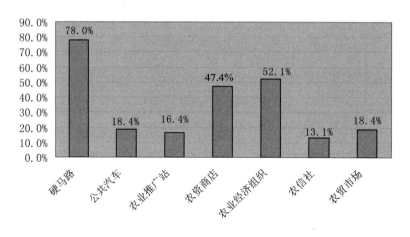

2008—2012年农村社会转型变化情况

图3-1 2008—2012农村社会转型变化情况

从图3-1可以看出，2008—2012年农村转型中的农村社会软硬环境的变化。很明显，村庄有硬化马路、农资商店和农业经济组织的比例相对较高；而有农村信用合作社的村庄仅有13.1%，属于最低，说明农村金融在农村还是十分欠缺的。

3.4　中国农村农户转型概况分析

农村农户转型主要是指农村农户及家庭特征的转型变化，主要包括：农户的劳动力结构变化，表现为"女性化"和"老龄化"趋势；农户兼业，主要包括兼业程度，以过去1年在家时间为兼业程度，在家时间越长，则兼业程度越低，在家时间越短，在兼业程度越高，一般认为在家务农时间超过8个月可以看成非兼业农户或低兼业农户，否则可以认为是兼业农户；农户收入来源的变化，即非农收入占家庭收入的比重，一般认为，如果农户家庭收入80%以上来源于非农收入，则可以认为是非农收入占比高的农户，否则是非农收入占比低的农户；农户人力资源的变化，一是教育程度变化，二是农户超重肥胖引致的健康资本的变化。对2008—2012年农村农户转型数据进行统计分析，其描述性统计，如表3-3所示。农户转型变化具体分布情况，如图3-2所示。

表3-3　2008—2012年中国农村农户转型的描述性统计

农户转型	变量	变量定义	最大值	最小值	平均值	标准差
农户劳动力结构	性别	1=女性，0=男性	1	0	0.643	0.479
	年龄	周岁，年龄数	80	21	52.344	10.377
农户兼业	兼业程度	过去1年里在家居住的月数	12	0	5.23	3.140
	非农收入占比	非农收入占家庭收入比重（%）	99.76	6.39	57.94	32.82
农户人力资本	受教育程度	教育年限：上学实际年数	16	0	6.282	2.707
	农户超重肥胖	农户体重：超重（BMI>25）=1，非超重（BMI≤25）=0	1	0	0.248	0.376

数据来源：中国新农村生态家园富民工程项目的农户问卷调查数据和CGSS2013的农户样本数据。

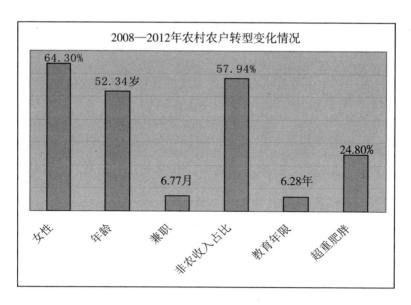

图3-2　2008—2012年农村农户转型变化情况

从表3-3和图3-2可知，2008—2012年中国农村转型中的农村农户转型变化情况：

（1）劳动力结构的确发生了"女性化"和"老龄化"的变化。女性劳动者占比平均值为64.3%，劳动农户的评价年龄为52.34周岁，这表明当前广大农村进行农业生产的劳动者主要是妇女和中老年人。

（2）农户工作兼业和非农收入变化明显。从统计数据看：过去1年不在家居住平均值为6.77个月，说明在外务工时间长达近7个月；农户非农收入占家庭总收入比重平均达到57.94%。

（3）农户从事农业的人力资本也在发生变化：首先看农户的受教育程度，平均受教育年限仅为6.28年，刚刚小学6年毕业的受教育程度，表明当前农村务农的农户普遍是受教育程度低的农户；其次是由于转型期农户的生活水平提高，饮食生活习惯等改变导致的农户超重肥胖已经达到了平均值的24.8%，农户超重肥胖引致的慢性疾病等健康资本下降是农村务农农户的人力资本变化对农业生产率的一个新挑战。

3.5 中国农村农业转型概况分析

农村转型中的农业转型变化主要是指农业生产经营方面的转型变化，主要包括农业经营规模变化、农业采纳技术进步，以及农业提高品质高质量发展三个方面的农业发展变化。对2008—2012年农村农业转型数据进行统计分析，其描述性统计，如表3-4所示。农村农业转型变化的分布情况，如图3-3所示。

表3-4 2008—2012年中国农村农业转型的描述性统计

农业转型	变量	变量定义	最大值	最小值	平均值	标准差
农业规模化	播种面积（亩）	所有农作物播种面积的总和	3008.5	0.5	9.756	48.683
农业技术采纳	良种使用	1=使用良种，0=没使用良种	1	0	0.620	0.485
农业高质量发展	有机肥施用	有机肥施用投入费用（元）	8180	0	122.550	518.06
	耕地改良	1=耕地改良，0=没有耕地改良	1	0	0.321	0.467

数据来源：中国新农村生态家园富民工程项目的农户问卷调查数据。

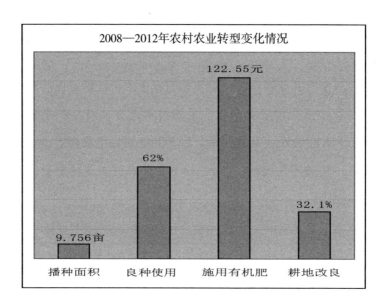

图3-3　2008—2012农村农业转型变化情况

从表3-4和图3-3可知，中国农村转型中的农村农业具体变化情况：

（1）农业经营规模化方面分化突出。农户的平均农业播种面积为9.756亩，最大的农业播种面积高达3008.5亩，最小播种面积仅为0.5亩。

（2）在使用农业技术方面，良种使用率平均值为62%，但是从平均值来看还有38%的农户没有使用良种来进行农业生产。

（3）农业高质量发展占比还不高。以少用化肥农药、施用有机肥和耕地改良来改善农产品质量为特征的农业高质量发展，从统计指标来看，农户施用有机肥的平均值为122.55元，但标准差为518.06元，只有32.1%的农户实施了耕地改良，比例不高。

3.6　本章小结

通过对2008—2012年农户样本数据的描述性统计分析，本章主要结论为：

（1）农村转型下中国农村社会正在由传统闭塞落后的传统社会逐步变为农村社会软硬件环境日益完善、交通便利、农业发展的社会经济组织日益发达的现代社会。

（2）农村转型下中国农村农户在劳动力结构、农户从事的工作和主要收入来源，以及农户的人力资本正在发生变化，农户之间出现了职业、收入及人力资本各个方面的转型分化。

（3）农村转型下中国农村农业正在政府政策激励和市场需求的双重引导下，由过去的高投入高污染、靠要素驱动的农业生产模式正在向着规模化经营、农业技术进步和农业高质量发展驱动的方向转变。

第四章

中国农村转型对农户农业生产率的作用机制

中国农村转型是一个漫长复杂社会经济演变的系统过程，2013年中央一号文件就农村、农业转型升级问题做出了系统的指导，也开启了中国新型城镇化的发展之路（郎晓波，2014）。农村转型中的因素变化会影响到农村转型期内农户的农业生产决策行为（王冰，2007；文琦，2009；邵夏珍，2014）。当前阶段，中国农户基本上已经是具有理性行为的理性小农，那么农户可以根据转型期的影响因素变化来理性地进行农业生产的投入产出行为的决策，从而对农户的农业生产率产生影响。

因此，本章分析中国农村转型的农户农业生产率的作用机制，包括分析农村社会转型、农村农户转型和农村农业转型对农户农业生产率的作用机制。

4.1 中国农村社会转型对农户农业生产率的作用机制

中国农村社会转型期农村社区发生了巨大的变化，总体状况是统筹城乡一体化发展，农村社区从传统基础设施落后封闭的乡土社会向交通畅通开放文明的现代社会转变（胡鞍钢、马伟，2012）。中国农村社会转型是考察农村社区发生的因素变化对农户农业生产的投入产出行为决策的影响，从而影响农户的农业生产率。

4.1.1　农村社会硬环境转型变化的影响

中国农村社会转型中农村社区或村庄的硬环境的交通基础设施发生了很多的变化，使传统闭塞的农村社会日益变成现代社会。农村硬环境的基础设施主要指村庄或农村社区的交通基础设施包括硬化水泥马路或柏油马路，去邻居乡镇县城的公共汽车；畅通的交通可以降低农村农业生产的交易成本，同时也有利于农户了解村庄外面的信息，加速农业技术、生产经营信息的传播、认知、采纳和推广，推动农户的农业技术进步和经营管理进步，从而提高农户的农业生产率水平。

黄金波等（2010）认为，农村基础设施具有规模扩张效应，是影响粮食生产全要素生产率的关键要素。农村基础设施具有使农户及时传播技术和市场信息的功能，从而有利于促进技术进步效应和根据市场信息优化粮食生产要素投入结构，提升农业的全要素生产率。

但是，卓乐、曾福生（2018）利用中国各省份1996—2015年的省际面板数据，运用DEA—Malmquist指数法测算粮食全要素生产率，结果表明农村交通基础设施对当期的粮食全要素生产率的影响没有通过显著性检验，但是对其滞后项的粮食全要素生产率有显著的正向影响。

但总体来说，农村基础设施有利于技术推广、降低生产和交易成本，对农户的农业生产率有正向影响。

4.1.2　农村社会软环境转型变化的影响

中国农村软环境主要是指农业社会经济协会或其他经济组织及活动。这些基础设施的建设，如村庄农业技术推广站、农资购销商店、村内农贸市场等大大促进了农户的农业生产的技术认知、采纳和推广，以及利用农资进行生产资料配置优化生产投入，因此有利于农户农业生产率的增长；农业专业协会组织、农民专业合作社、农产品收购加工及物流销售等农业社会经济组织及其活动，村庄的农业信用合作社、农村市场的建设，有利于农户提高农业生产经营、增加农户农业收入，对农业生产率有正向影响。

因此，本文农村社会转型对农户农业生产率的作用机制形成下列待实证检验的原假设：

H01：村庄交通基础设施对农户农业生产率有正向影响。

H02：村庄农业推广站对农户农业生产率有正向影响。

H03：村庄有去邻近乡镇县城的公共汽车对农户农业生产率有正向影响。

H04：村庄有农资商店对农户农业生产率有正向影响。

H05：村庄有农村信用合作社对农户农业生产率有正向影响。

H06：村庄有农贸市场对农户农业生产率有正向影响。

H07：村庄有农业社会经济组织及其活动对农户农业生产率有正向影响。

其作用机制图，如图4-1所示。

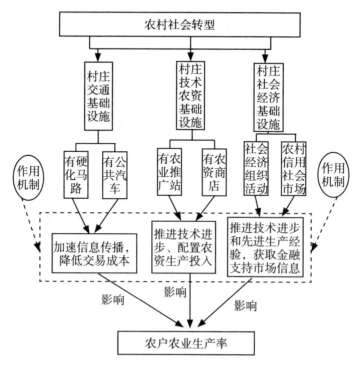

图4-1　农村社会转型对农户农业生产率作用机制

4.2　中国农村农户转型对农户农业生产率的作用机制

农户作为我国主要从事农业生产活动的基本经济组织，是以血缘关系为纽带居住在一起，以家庭为单位存在，以家庭成员为主要劳动力的社会单位（李小建，2010）。中国农村转型演变过程中农户也在转型，发生了一系列的变化，这些变化直接关系到农户的农业生产投入产出决策行为，从而对中国农业生产率产生影响。中国农村转型中的农户转型主要包括：（1）农户兼业，农户从主要耕种农业转为以非农收入为主的兼业行为；（2）农户的劳动力结构发生变化，主要劳动力从青壮年转为老年和妇女；（3）农户的人力资本变化，主要表现为受教育程度和农户超重肥胖产生慢性疾病的人力资本变化，受教育程度高的都外出务工，不从事农业生产，农户饮食生活习惯改变导致超重肥胖问题影响农业生产。

4.2.1　农户职业和收入来源转型变化对农业生产率的影响

农户职业和收入变化转型首先表现为兼业，以及兼业导致的农户分化，农户分化出现了纯农户、兼业农户和纯非农业农户等多种情况，1995年姜长云把农户分为六类研究农户的分化问题，农户的分化也导致了农户收入来源的非农户和农户之间的贫富差距出现了分化，农户分化还导致了土地流转及农业规模化经营问题，这些都给农业生产带来影响，影响农村农业的生产率（冯中朝，1995；孔祥智，1998；李岳云，1999；李宪宝、高强，2013；聂建亮、钟涨宝，2014）。

现有文献已经发现，农户兼业后回家进行农业生产劳动的时间减少，改变了农作物的耕种制度，把双季稻改为单季稻，还把水稻田改种玉米或其他作物，改变了土地的耕种品种，降低了土地的产出，对农业生产率有负影响（何浦明，2001；周飞，2003；张务伟、张福明、杨学成，2009；徐勇，2010；庆恩、朱喜、史清华，2014；王全忠、陈欢、张倩等，2015）。

但是，研究又有不同的观点。农户兼业如果进行了土地流转，农户进行大规模化生产经营，开始采用现代化的生产技术和机械手段，同时可以节约生产成本，有利于提高投入产出水平，对农业生产率是有利的（纪永茂、陈永贵，2007）；纪月清、钟甫宁（2013）从另一种角度认为，如果农户兼业的非农化收入增加，有利于增加农户投资农业生产的积极性，从而对农业产出是有利的。梁义成等（2011）提出，兼业的非农收入增加，有利于农户通过增加对农业生产的资金投入来提高农业技术效率。黄祖辉、王建英等（2014）利用调研江西省水稻种植户投入产出的数据兼业农户对水稻生产技术的影响，实证发现有显著的正向影响。

但是，总体来看，农户兼业导致的农业生产时间减少、非农收入增加导致对农业生产的积极性下降还是比较普遍的，而且兼业使受教育程度高、身体健壮的青壮年劳动力大量转移出农业生产，导致了农业生产率降低（盖庆恩、朱喜、史清华，2014）。

从现有文献和通过调查对现实的考察分析，农户兼业后农业生产仅仅是作为一个副业，对农业生产的投入，对农业机械化和农业技术的采纳、推广，对农田水利建设和良田改造等都没有太大的积极性。因此，本书认为农户兼业有可能对农户的农业生产率产生负影响。

4.2.2 农户劳动力结构转型变化对农业生产率的影响

中国农村农户转型的突出变化是农业主要劳动力结构发生变化，由以前以青壮年为主要劳动力转变为以老人和妇女为主要劳动力。现有文献，关于农业生产的主要劳动力"女性化""老龄化"对农业生产率影响的结论也不尽一致。

大多数学者认为，农业生产主要以"女性化""老龄化"的劳动力为主不利于农业新知识和新技术的推广、采纳和使用，会造成农业技术效率的损失（贺振华，2006；马草原，2009；盖庆恩、朱喜、史清华，2014）。

但是，同样有学者通过调查农户样本数据得出了不同的结论：吴天龙、赵军洁、习银（2017）运用DEA-Tobit模型，对河北农户的调研数据进行了实证分析，发现对农业生产率的影响并不显著；而且有些学者还认为，农户随着年龄增长，虽然身体素质下降了，但是农业生产丰富的经验可以弥补身体素质的下降，而且老年人和妇女能全身心地投入到农业生产中去，在农忙季节小孩或兼业农户会返乡帮忙，因此没有必要担心农业劳动力"女性化""老龄化"趋势对农业生产的影响。

虽然，老人经验丰富，妇女全身心地投入到农业生产当中，但是在现代农业快速发展的今天，利用技术进步而不是高投入高污染来发展现代农业，"女性化""老龄化"的确给农业生产的先进技术认知、采纳和推广带来不少困难，给农业高质量发展带来不少困难，阻碍了农业生产率的发展。因此，本书认为，"女性化""老龄化"的劳动力结构对中国农业生产率有负面影响。

4.2.3　农户的人力资本转型变化对农业生产率的影响

Mushkin（1962）第一次把教育资本和健康资本并列为人力资本的两个主要组成部分。在这两个主要组成部分上，农村农户转型期，农户的教育和健康都发生了变化。首先是受教育程度高的农户都通过兼业或非农化转移出农业生产领域；其次，在农村生产的现有农户35—65岁占据农业生产的大部分，但是随着这些农户的饮食生活行为习惯改变，超重肥胖现象越来越凸显，这可能给农户的农业生产带来影响。

Schultz（1960）首次提出人力资本的概念，并建立了人力资本经济增长模型，指出人力资本包括教育、健康和移民等方面的资本。

首先，教育培育人力资本对农业生产率的影响至关重要，但不同教育水平的人力资本对农业全要素生产率的影响可能不同。华萍（2005）认为，不同教育水平的人力资本对全要素生产率影响不同，大学对全要素生产率提升明显，而中小学教学没有显著的区别。魏下海（2010）、陈仲常、谢波（2013）也指出，不同人力资本对全要素生产率的影响有差异，而且有滞后期的影响，即对当期和滞后期的影响效应不同。但是，不管影响大小和时间的滞后性，教育对人力资本的作用是提升农业生产率的最关键的因素之一（杜育红、梁文艳，2011）。

其次，农户的健康资本对农户的农业生产率也非常重要。舒尔茨（1960）在人力资本模型中提到了健康的作用，但是没有对健康资本进行深入分析。Mushkin（1962）则第一次把教育资本和健康资本并列为人力资本的两个主要组成部分。Grossman（1972）首次把健康纳入人力资本的整体框架，对健康涉及的人力资本影响进行深入分析。阿罗（Arrow，2001）研究了健康资本对经济增长的作用，得出了健康资本推动了经济增长的结论。马丁（Martin Werding，2008）对发达国家以及发展中国家人口结构、健康问题和Feyrer（2007）对德国人口老龄化及其健康对全要素生产率的影响进行了研究，发现人口结构及其健康资本对全要素生产率产生重要影响，这对公共卫生干预和公共政策影响深远。

现有文献已经表明：随着中国经济高速增长，随着中国城市化、工业化和农业现代化的推进，在转型期的农户，生活水平不断提高，膳食结构和生活习惯发生了改变，超重与肥胖人群不断扩大；在经济欠发达、生活水平相对低的农村地区，也出现了肥胖和与膳食相关的慢性病的上升（Popkin B.M.，2002；姜莹莹、许志华等，2013；张一鸣、陈晓英等，2018）。

陈晓荣、白雅敏、高荣涛等（2012）通过农村调查研究发现，农村成人农忙时间较短、机械化作业劳动强度低、业余时间很少锻炼身体，使得农民职业性的能量消耗减少，而且随着生活水平提高，脂肪摄入量过高及蔬果摄入量减少或者不足，导致农村成人农户慢性疾病风险的增加；另外，陈晓荣、白雅敏、高荣涛等（2012）还发现，农村居民对健康膳食和身体活动均存在着误区，大鱼大肉、酗酒、抽烟是很普遍的现象，这样导致了转型期农户超重和肥胖水平的快速增长，增加了患上相关慢性病的风险。

因此，本书认为中国农村转型中农户超重肥胖现象引致的健康资本会影响到农户的劳动强度、劳动时间，从而影响农户的农业生产率。

根据以上分析，本书农村农户转型对农户生产率的作用机制形成下列待实证检验的原假设：

H08：农户主要劳动力结构变化对农户农业生产率有负向影响。

H09：农户兼业对农户农业生产率有负向影响。

H010：农户的非农业收入占比对农户农业生产率有负向影响。

H011：农户的教育程度对农户农业生产率有正向影响。

H012：农户超重肥胖对农户农业生产率有负向影响。

其作用机制图，如图4-2所示。

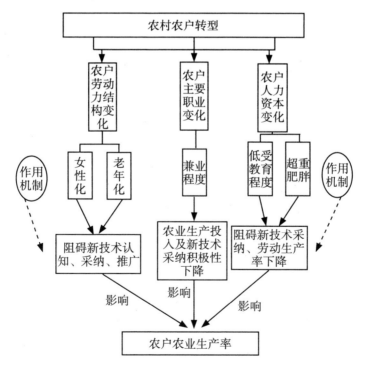

图4-2　农村农户转型对农户农业生产率作用机制

4.3 中国农村农业转型对农户农业生产率的作用机制

随着中国整个农村的转型，中国农村农业也在转型。首先随着劳动力进城务工，农户兼业的土地流转导致农业规模化经营趋势加快。据国家统计局公布的数据，截至2016年底，中国农民工总量为2.82亿人，其中外出务工的农民工为1.69亿人。其次农业生产先进技术和机械化的普遍使用促进了农业向技术进步的方向发展。最后是农业高质量发展，随着中国农产品市场供大于求，人们对高质量农产品的需求加大，农产品开始转向高质量发展。

4.3.1 农业规模化经营对农户农业生产率的影响

农业转型升级中农业规模化经营以及适度规模经营是学者们研究的热点问题，但是研究的结论不尽一致。

一种观点认为，农业规模化经营对农户农业生产率产生了正影响。规模化经营突破了小规模沿袭传统农业为了自己家庭生计而不是追求市场利润最大化的传统生产方式和经验方式，而规模农业是为了追求利润最大化采取先进的生产技术和管理经验，从而有利于先进技术的认知、采纳、推广，促进农业技术进步和农业生产率的提高（史正富，1995；纪永茂、陈永贵，2007；聂建亮、钟涨宝，2014）。Bagi and Huang（1983）以超越对数生产函数测算出农户个体层面的技术效率，显示大农户比小农户有更高的技术效率。魏娟、赵佳佳、刘天军（2017）通过调查苹果种植户的微观数据，发现土地细碎化对技术效率有显著的负向影响。黄祖辉、王建英、陈志钢（2014）和陈磊、史清华、顾海英（2014）认为，效率高的农户更愿意流入土地，而效率低的农户更愿意流出土地，从而规模化经营，有利于农业生产率的提高。

另一种观点认为，农业规模化经营对农户农业生产率产生了负影响。

农地规模化生产没有促进农业生产的增长，甚至还降低了农业生产的产出水平（任治君，1995；卫新等，2003；高梦滔、张颖，2006；李谷成等，2010；王建军等，2012）。

李功奎、钟甫宁（2006）利用对江苏经济欠发达地区进行调研农户数据，发现在人多地少的经济落后的欠发达农村地区，土地细碎化有利于农户增产增收和技术效率的提高（章立、余康、郭萍，2012）；李谷成等（2010）通过研究还发现，技术效率与耕地规模无关。

本书认为，随着中国农业发展主要由生产要素投入转到依靠技术进步来发展当前和未来，土地碎化精耕细作的传统、依靠要素投入的生产方式会阻碍先进农业技术和机械化的采用和推广，不利于农户农业生产率的提高。因此，本书认为农业规模化对农业生产率有正向影响。

4.3.2　农业技术采纳对农户农业生产率的影响

农业先进技术和机械化，以及良种的采用能很明显地提高农业生产的技术效率（徐金海，2009；王晓兵等，2016；张宽、漆雁斌、沈倩岭，2017）。特别是随着中国"人口红利"充分释放后，劳动力的成本上升，采用技术替代劳动力的技术进步，不仅有利于农业的技术进步，而且有利于节约劳动力成本，增加农业收入，有利于农户农业生产率的提升（Hayami，Ruttan，2000；罗小锋，2011；西元等，2011；杨宇，2012；周振等，2016；吴丽丽，2016；卢锦培、白婧，2017）。

因此，农村农业转型期的农业机械化和先进技术的采用，不仅直接提升了农户农业生产的技术进步，而且通过机械化替代劳动力降低农业生产的劳动力用工成本，对农户的农业生产有正向影响。

4.3.3　农业高质量发展对农户农业生产率的影响

农业高质量发展是随着农业供给侧结构性改革政府对农业发展提出的一个更高的新要求，主要依靠技术进步和绿色发展来提高农产品的产量和提升品种，达到优质高产的目标。农业高质量发展要求农户用有机肥来代替化肥的大量使用，通过技术改良耕地土壤等绿色技术发展措施，促进中国农业的高质量发展。那么，农业生产这些高质量发展措施是否对农业生产率产生影响呢？本节主要以农户农业生产施用有机肥和耕地改良为例来探讨农业高质量发展对农户农业生产率的影响。

陈欢、曹承富等（2014）通过施用有机肥和化肥对小麦生长的影响，发现施用有机肥更有利于改善土壤结构，促进小麦可持续稳定高产；孙克刚、郭良进等（2014，2015）分别对夏玉米和冬小麦进行了施用有机肥的实验，发现有机肥对夏玉米和冬小麦的产量和品种有显著的正向影响；王冰清、尹能文（2012）和李忠芳、徐明岗、张会民（2009）分别对蔬菜和优质粳稻施用有机肥，同样得出了对增产和品质改善有明显的正影响的结论（邸文静，2019）。而且，更高质量的耕地给农户带来更高收益、更低的生产成本，以及更低的风险预期，因此会刺激农户加大对农业生产的投资行为，从而促进农业生产率的增长（朱晓雨、石淑芹、石英，2014）。

同样，现有文献表明，农户实施耕地改良有利于增加农业的产量和品质，提升农户的农业生产效率（王婧，2011；董亮、孙泽强等，2014；王蓓，2017；魏永霞、张翼鹏等，2017）。

因此，根据上述分析，本书认为，良种、机械化等先进农用技术的使用不仅对农业生产的技术效率有显著的正影响，而且对降低劳动力成本也有明显的正影响；以有机肥和土壤改良来进行高品质的绿色发展有利于改善土地的地力，促进农业增产和品质改善，从而提高农户的农业生产效率。

根据上述农村农业转型对农户生产率影响的作用机制的分析，形成下列有待实证检验的原假设：

H013：农业规模化经营对农户农业生产率有正向影响。

H014：农业良种技术采纳对农户农业生产率有正向影响。

H015：农业有机肥施用对农户农业生产率有正向影响。

H016：农业耕地改良对农户农业生产率有正向影响。

其作用机制图，如图4-3所示。

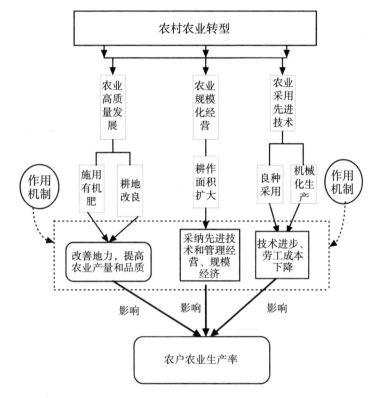

图4-3　农村农业转型对农户农业生产率作用机制

根据以上中国农村转型对农户农业生产率影响的作用机制的分析，形成作用机制有待检验的原假设，如表4-1所示。

表4-1　农村转型对中国农户农业生产率影响作用机制的原假设

转型内容	对农户农业生产率影响的作用机制形成有待检验的原假设	预期方向
农村社会转型	H01：村庄交通基础设施对农户农业生产率有正向影响	+
	H02：村庄农业推广站对农户农业生产率有正向影响	+
	H03：村庄有去邻近乡镇县城的公共汽车对农户农业生产率有正向影响	+
	H04：村庄有农资商店对农户农业生产率有正向影响	+
	H05：村庄有农村信用合作社对农户农业生产率有正向影响	+
	H06：村庄有农贸市场对农户农业生产率有正向影响	+
	H07：村庄有农业社会经济组织及其活动对农户农业生产率有正向影响	+
农村农户转型	H08：农户主要劳动力结构变化对农户农业生产率有负向影响	−
	H09：农户兼业对农户农业生产率有负向影响	−
	H010：农户的非农业收入占比对农户农业生产率有负向影响	−
	H011：农户的教育程度对农户农业生产率有正向影响	+
	H012：农户超重肥胖对农户农业生产率有负向影响	−
农村农业转型	H013：农业规模化经营对农户农业生产率有正向影响	+
	H014：农业良种技术采纳对农户农业生产率有正向影响	+
	H015：农业有机肥施用对农户农业生产率有正向影响	+
	H016：农业耕地改良对农户农业生产率有正向影响	+

4.4　本章小结

中国农村转型是一个包括农村社会、农户和农业转型变化的演变过程，2013年中央一号文件就农村、农业转型升级问题做出了系统的指导，也开启了中国新型城镇化的发展之路（郎晓波，2014）。本章就中国农村转型的变化因素对农户农业生产率影响的作用机制进行了理论分析，得到下列主要结论：

（1）农村社会硬环境转型的交通基础设施建设：村庄硬化马路和去临近乡镇或县城的公共汽车有利于农户对农业技术的认知、采纳和推广，有利于农业机械化的使用，节约农业生产成本，因此，对农户农业生产率的增长有正向的影响。

（2）农村社会软环境转型的农业技术推广站、农资商店、农村信用合作社、农贸市场，以及村庄农业社会经济组织及其活动，有利于农户农业技术培训、采纳，促进农户农业技术进步、及时获取农业市场信息和金融资源、优化资源配置，降低农产品交易成本，促进农户农业生产率的增长。

（3）农户转型变化的农户兼业和非农收入占比升高，农业生产仅仅是作为一个副业，农户对农业生产的投入、对农业技术的采纳推广、对农田水利建设和良田改造等都没有太大的积极性。因此，农户兼业和非农收入来源占比升高有可能对农户的农业生产率产生负影响。

（4）农户转型的劳动力结构"女性化""老龄化"给农业生产的先进技术认知、采纳和推广带来不少困难，给农业高质量发展带来不少困难，阻碍了农业生产率的发展。因此，农户转型的"女性化""老龄化"的劳动力结构对中国农业生产率有负面影响。

（5）农户转型的人力资源变化，由于受教育程度高的农户都通过兼业或非农化转移出农业生产领域，在家进行农业生产的农户普遍受教育程度低，因此，教育对农户农业生产率影响的正向作用可能并不明显；另外，农户超重肥胖现象引致的健康资本会影响农户的劳动强度、劳动时间，从而负向影响农户的农业生产率增长。

（6）农业转型变化中，随着中国农业发展主要由生产要素投入转到依靠技术进步来发展当前和未来，土地碎化精耕细作的传统依靠要素投入的生产方式会阻碍先进农业技术和机械化的采用和推广，不利于农户农业生产率的提高。因此，本章认为农业规模化对农业生产率有正向影响。

（7）农业转型变化的农业技术使用，如农业机械化和良种使用，农业高质量发展的有机肥施用和耕地改良等，有利于农户利用先进技术和提高纯技术生产率，促进农业增产和品质改善，从而对农户的农业生产效率增长有正向影响。

第五章

中国农村转型农户农业生产率测度与比较

中国农村转型下影响农户农业投入产出的因素过于复杂，难以对生产函数具体形式和技术中性做出合理的判断（李谷成，2009），如果运用Cobb-Douglas生产函数或在此基础上扩展而来的Solow余值法（Solow，1957）、不变替代弹性生产函数（CES）、可变替代弹性生产函数（VES）、参数法的随机前沿生产函数（SFA）、非线性随机前沿函数或超对数（Translog）生产函数等参数模型估计方法，可能给测度结果带来主观函数设定上的误差。因此，本书为了避免传统Cobb-Douglas生产函数设定参数产生的估计偏差，选择多投入多产出DEA数据包络法（魏权龄、岳明，1989；李谷成、冯中朝，2010；肖红波、王济民，2012；朱满德、李辛一、程国强，2015）对农户农业全要素生产率进行测度。同时，由于南方五省是水稻主产区，水稻是农户的关键口粮作物，农户对水稻的生产极为重视，反映了农户理性的投入产出行为，因此，本章最后测度了单品种水稻农户农业生产率水平来比较农户农业生产率水平的变化和差异性。

5.1 测度模型构建

数据包络分析（Data Envelopment Analysis，DEA）是运筹学家Charnes，Cooper，and Rhodes E.（1978）提出的，是通过数学规划评价多

个同质决策单元DMU（Decision Making Units）之间的相对效率（Cooper，Seiford，and Zhu，2004）。因此，根据数据包络分析的理论，本章把农户作为决策单元（DMU）。设n户农户，投入k种生产要素，m种产出；其中，x_{nk}（$x_{nk}>0$）代表第n户农户第k种生产要素投入；y_{nm}（$y_{nm}>0$）代表第n户农户第m种产出量；θ（$0<\theta<1$）代表技术效率；ε为非阿基米德无穷小量；λn（$\lambda n>0$）为第n户农户的权重，用来判断农户农业种植规模效益情况；s^-（$s^-\geq0$）为松弛变量，表示农户农业生产到达DEA有效需要减少的投入量；s^+（$s^+\geq0$）为剩余变量，表示农户农业生产到达DEA有效需要增加的产出量；则农户农业生产率测度的DEA模型为公式（5–1）：

$$\begin{cases} \min(\theta - \varepsilon(\sum_{k=1}^{k} s^- + \sum_{m=1}^{m} s^+)) \\ \text{s.t.} \sum_{n=1}^{n} x_{nk}\lambda_n + s^- = \theta \mathbf{X}_k \quad k=1,2,\cdots,k \\ \sum_{n=1}^{n} y_{nm}\lambda_n - s^+ = \mathbf{y}_m \quad m=1,2,\cdots,m \\ \lambda_n \geq 0 \quad n=1,2,\cdots,n \end{cases} \quad （5–1）$$

公式（5–1）是DEA在规模报酬不变下的CRS（Constant Returns to Scale）模型，当$\theta=1$时，表示决策单元农户的生产在最优生产前沿面上，农户农业生产达到最优技术效率TE（Technical Efficiency）；当$\theta<1$时，该农户农业生产技术效率无效，θ值越大，越接近1，说明此农户农业生产技术效率越有效率，反之越没有效率。如果投入要素的规模报酬是可变的，则为规模报酬可变的VRS（Variable Returns to Scale）模型，此时，$\sum_{n=1}^{n}\lambda_n=1$作为约束条件引入模型。

利用VRS模型可以把规模效率不变技术效率TE$_{(CRS)}$分解为纯技术效率PTE（Pure Technical Efficiency），即规模可变技术效率TE$_{(VRS)}$和规模效率SE（Scale Efficiency）的乘积，即TE$_{(CRS)}$ = TE$_{(VRS)}$ × SE =PTE × SE。用

VRS测算技术效率TE，就是农户在此技术水平下的全要素生产率水平。这一模型可以比CRS模型获取更多有意义的效率结构信息；而且，中国当前农村农业经营的规模面积都比较小，农业生产可能远没有达到实现最优经营规模。因此，本章认为农户农业生产率的测度采用基于产出导向的规模报酬可变的VRS模型更符合中国农村农业生产的实际情况。故而，本书采用基于产出导向的规模报酬可变的VRS模型来测算农户农业生产率水平。

5.2　数据来源与处理说明

本书选用世界银行贷款中国新农村生态家园富民工程项目的农户问卷调查数据。该项目是由中国政府与世界银行合作开展实施的，项目实施期为2009—2014年，项目省区市包括安徽、重庆、广西、湖南和湖北。为开展项目的影响评估，采用分层随机抽样的方法，选取样本户进行基线、中期和终期监测。在每个省抽取3个县，每个县抽取3个乡镇，每个乡镇抽取5个建制村，每个建制村随机抽取12户农户，在5个省、市、自治区共调查建制村225个，农户2700户，通过2009、2011、2013年三轮跟踪调查共计收集了农户样本量8100户。在剔除了关键变量及控制变量的拒绝回答、不适用、缺失值，以及异常值的农户数据样本，最终获得4972个有效的农户样本数据。

5.3　投入产出指标选取及定义

本书参照Coeli和Prasada Rao（2003）提出的生产率求解和分析的理论框架，采用DEA-Malmquist生产率指数法对农户农业生产率及变化进行测算及分解。本书选取的投入产出变量如下：

5.3.1　农业产出指标选取及定义

农业产出指标主要是农业总产值。农业总产值根据统计指标，有广口径农业总产值包括农林牧副渔总产值，有狭义口径的农业总产值主要是指农业种植业。本书的农业总产出主要是指农户家庭农业种植的总收入。根据调查的农户问卷数据，农户的农业总收入包括夏季早稻、秋季晚稻（或中晚稻）、冬小麦、春小麦、玉米、其他粮食作物、经济作物、大田蔬菜、大棚蔬菜等种植业按当年市场收购价的总收入。

5.3.2　农业投入指标选取及定义

本章参照了方福前、张艳丽（2010），陈海磊、史清华、顾海英（2014）和黄祖辉、王建英、陈志刚（2014），以及《中国统计年鉴》（2008—2013）中农业生产投入的指标来选取投入指标变量，主要包括：农户劳动、种子、农用薄膜、种植作物的雇工费、租用役畜或机械作业费、灌溉费、化肥费、农药费用、耕种面积等农业生产的投入。

（1）农户的劳动投入。本章以农户家庭参加劳动的人数作为劳动投入，主要参照李谷成、冯中朝、范丽霞（2009），曾福生、高鸣（2012）和陈磊、史清华、顾海英（2014）以家庭参加劳动的人数作为劳动投入。虽然现有文献中有些学者根据参加劳动者是大人、妇女、小孩、老人分别赋予劳动量权重，而且确定一天工作几个小时，一年参加劳动的天数，这样来核算出劳动的投入量，但是这种劳动投入的核算方法也存在较大的偏差：首先，在调查中农户不能准确回忆出一年中参加劳动的天数，也不能准确估计一天工作的小时数，因此调查本身就存在很大差异，数据有较大的偏差；其次，在计算总劳动量时，大人、妇女、小孩、老人的劳动量如何确定权重，现有文献争议很大，而且具有主观性，以此方法计量可能带来较大的偏差。因此，本章参照现有文献以农户家庭参加劳动的人数来作为劳动的投入量。

（2）种子、农用薄膜、化肥、农药及灌溉费用。这些费用按照一年农户种植生产的实际花费计算。

（3）雇工费、租用役畜和机械作业费。按照一年中农户农业生产实际雇用人工的费用总和，役畜和机械用来耕作和运输等的总支出来计算。

（4）耕种面积。耕种面积是土地投入，用农作物总播种面积来计算。由于在当今中国农村农业复种、休耕或弃耕等都相当普遍，因此，用农作物总播种面积来计算耕种面积可能比用农户拥有的耕地面积更符合土地实际投入的情况。

农户的农业生产投入产出指标变量及其定义，具体见表5-1所示。

表5-1　农户农业生产投入产出指标变量及定义

指标	变量	单位	定义
投入指标（Input）	劳动力投入	人	农户家庭大于16周岁在家参加农业生产劳动的总人数
	播种面积	亩	农户农业生产所有作物的总种植面积
	种子费	元	农户农业生产购买种子总费用
	农用薄膜费	元	农户农业生产购买农用薄膜总费用
	役畜和机械作业费	元	农户农业生产的耕地、插秧、收割、运输等机械和畜力作业的总费用
	农药费	元	农户农业生产购买所有农药总费用
	化肥费	元	农户农业生产购买所有化肥总费用
	灌溉费	元	农户农业生产用于耕地灌溉的总费用
	雇工费	元	农户农业生产雇用农业劳工的总费用
产出指标（Output）	农业总产值	元	所有农业生产的总产值

5.3.3　整个样本农户投入产出的描述性统计

本节选取农户的农业生产投入产出的样本是2008—2012年的数据，因此为了统计口径的统一，农业生产投入要素成本和农业产出总产值都是以2008年为基期，使用《中国统计年鉴》（2008—2013年）中农产品生产价格指数、农业生产资料价格指数和消费者价格指数（CPI）分别进行了平减。农户样本数据的投入产出及户主特征的描述性统计，如表5-2所示。

表5-2 2008—2012年整个样本农户农业生产投入产出的描述性统计

指标	变量	单位	样本量	平均值	标准差	最大值	最小值
投入指标（Input）	劳动力投入	人	4972	3.812	1.122	8	1
	播种面积	亩	4972	9.756	48.683	3008.5	5
	种子费	元	4972	227.409	350.407	15000	10
	农用薄膜费	元	4972	66.626	233.433	4000	9
	役畜和机械作业费	元	4972	153.1549	265.6639	11000	20
	农药费	元	4972	425.3592	785.0571	10000	10
	化肥费	元	4972	1050.143	1040.197	11080	13
	灌溉费	元	4972	65.05611	156.1472	5280	15
	雇工费	元	4972	140.3711	496.39	10000	30
产出指标（Output）	农业总产值	元	4972	7339.380	10578.16	150000	60

数据来源：根据世界银行贷款中国新农村生态家园富民工程项目调查数据计算整理所得。

从表5-2整个样本数据的描述性统计可知，农户的投入产出分化还是较大的，如：农户农业播种面积最大值为3008.5亩，最小值仅5亩，标准差为48.683亩；农业的总产值最大值为150000元，最小值仅60元。差别很大，表明农村转型过程中农户的农业生产行为分化严重。从投入来看，化肥投入还是农户农业生产的最大的投入，平均费用为1050.143元，其次是农药和种子费用。因此，如果这些要素投入能够节约，那么将大大提高农户农业生产的效率。

5.4 测度结果分析

由于中国广大农户的播种面积还没有达到最优规模，同时生产也没有达到生产前沿面水平，因此农户的生产产出可能增加。因此，本书使用产出导向规模报酬可变的VRS模型对整个样本农户，农村社会转型、农户转型和农业转型不同农户样本，以及单品种水稻农户的样本进行测度。DEA测算，常用的软件有DEAP、EMS、DEASLVLEP以及Matalab，本章运用DEAP2.1软件对农户的农业生产率进行测算。

5.4.1 整个样本农户农业生产率的测度结果分析

为了估计整个样本农户农业生产率总体水平和生产要素投入状况，本节利用2008—2012年整个农户样本，运用基于产出导向规模报酬可变的VRS进行测算。其测算结果如下表5-3所示。

表5-3 2008—2012年整个样本农户农业生产率VRS模型测算结果

指标变量	2008	2010	2012	平均值
综合技术效率（TFP）	0.607	0.631	0.642	0.626
纯技术效率（PTE）	0.699	0.684	0.686	0.690
规模效率（SE）	0.868	0.922	0.936	0.909
规模报酬状态	IRS	IRS	IRS	IRS

数据来源：世界银行贷款中国新农村生态家园富民工程项目调查数据。IRS（Increasing Returns to Scale）为规模报酬递增；$TE_{(CRS)} = PTE_{(VRS)} \times SE$。

从表5-3，我们发现：

（1）从平均值来看，农户2008—2012年农业生产综合技术效率平均为0.626，这表明中国农户的农业生产综合技术效率总体还处在比较低的状态水平，存在较大的潜在提升空间。

（2）时间维度上，从规模报酬可变的VRS模型估计中可以看出，

2008—2012年纯技术效率基本上一直处于递减状态，规模报酬一直处于递增状态，这表明了农户的纯技术效率（PTE）成了技术效率提高的短板，规模效率是综合技术效率的重要贡献。

5.4.2　农村社会转型农户农业生产率测度结果与比较

农村社会转型是农村社会环境包括农村社会硬基础设施环境和农业生产社会软环境的变化转型。为了考察农户在不同农村社会转型因素影响下农户的农业生产率水平，本节根据农村社会转型变化的变量对农户进行了分类，并分别进行了测量，根据测量结果进行比较分析。2008—2012年农村社会转型农户农业生产率VRS测算结果，如表5-4所示。

表5-4　2008—2012年农村社会转型农户农业生产率VRS模型测算结果

社会转型	农户类型	样本量	2008	2010	2012	平均值
村庄交通基础设施变化	有硬化马路	3879	0.625	0.637	0.651	0.638
	无硬化马路	1092	0.510	0.525	0.543	0.526
	有公共汽车	912	0.617	0.628	0.640	0.628
	无公共汽车	4038	0.599	0.634	0.643	0.625
村庄技术农资基础设施变化	有农业推广站	811	0.701	0.722	0.736	0.720
	无农业推广站	4146	0.509	0.522	0.553	0.528
	有农资商店	2356	0.622	0.648	0.653	0.641
	无农资商店	2615	0.513	0.530	0.551	0.531
村庄农业社会经济组织设施变化	有农业社会经济活动	871	0.710	0.729	0.744	0.728
	无农业社会经济活动	801	0.599	0.625	0.630	0.618
	有农村信用合作社	651	0.609	0.628	0.651	0.629
	无农村信用合作社	4313	0.606	0.631	0.639	0.625
	有农贸市场	912	0.610	0.623	0.645	0.626
	无农贸市场	4038	0.598	0.632	0.641	0.624

数据来源：世界银行贷款中国新农村生态家园富民工程项目调查数据。

从表5-4可以看出，2008—2012年农村社会转型包括农村社会硬环境转型变化和软环境转型变化在不同农村社会环境中的农户的综合技术效率平均值有较大差异。

（1）从农村社会软环境基础设施的影响来看：村庄内有农业协会组织、农业专业合作社或农业经济组织经营管理活动的农村农业发展社会软环境的农户农业综合技术效率平均值最高为0.728，而且与无农业社会经济组织及活动农户的综合效率0.618相比高出11%，这表明，农村村庄内的农业经济组织及其活动，包括农业专业合作组织、农业专业协会或农业经营管理组织等对农户的综合技术效率有较高的影响。

但是，村内有农村信用合作社的农户的农业综合技术效率平均值为0.629，与无农村信用合作社的农户农业综合技术效率0.625相比，差别不大，这可能表明，转型期2008—2012年农村信用合作社等农村金融机构对农户的农业生产率没有太大支持作用。同样，可以看出，村庄内有农贸市场与无农贸市场的农户农业综合技术效率的差别也不大，可能表明，村内的农贸市场对农户的农业生产率提高没有发挥作用。

（2）从农村社会软环境转型变化的村庄农业技术农资基础设施变化来看：有农业技术推广站的村庄农户的农业生产率平均值为0.720，比无农业技术推广站农户平均值0.528高19.2个百分点；农村村庄有农资商店的农户的农业生产率平均值0.641比无农资商店农户的农业生产率平均值0.531高出11个百分点。这说明，村庄有农业技术推广站和农资商店对村庄农户的农业生产率有提升作用。

（3）从农村社会转型的农村硬化环境转变看：有硬化马路的村庄农户的农业生产率平均值为0.638，高于无硬化马路村庄农户的农业生产率平均值0.526；而村庄有无去临近乡镇或县城的公共汽车对农户的农业生产率影响不大。从硬环境比较可知，农村的交通基础设施对农户农业生产率的影响有较大差别，但是有无公共汽车的影响差别不大。

以上通过测量对比分析，只从数据比较的角度定量分析有没有差异性，是否有显著性的影响。第六章将对其影响因素进行进一步的实证检验。

农村社会转型不同农户农业综合技术效率的比较图，如图5-1，图5-2和图5-3所示。

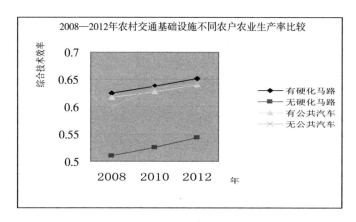

图5-1 2008—2012年村庄交通基础设施不同农户农业生产率比较

从图5-1可以看出，有硬化马路交通的农户农业生产率最高，有无硬化马路的农户差别明显，而有无去临近乡镇县城的公共汽车的农户农业生产率差别不明显。

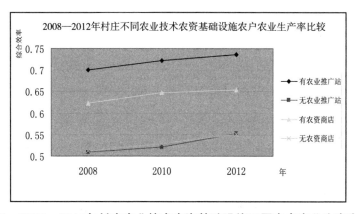

图5-2 2008—2012年村庄农业技术农资基础设施不同农户农业生产率比较

从图5-2可以看出，有农业技术推广站的农户农业生产率最高，而且与无农业技术推广站的差别明显，村庄有无农资商店的农户农业生产率差别也较为明显。

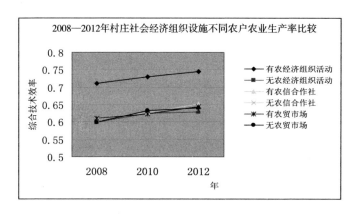

图5-3 2008—2012年村庄农业社会经济组织设施不同农户农业生产率比较

从图5-3可以明显地看出，村庄有农业社会经济组织及活动基础设施的农户农业生产率明显高于无农业社会经济组织及活动基础设施农户的农业生产率，村庄有无农村信用合作社和有无农贸市场基础设施的农户农业生产率差别不明显。

5.4.3 农村农户转型样本农户农业生产率测度结果与比较

农村农户转型是参加农业生产农户本身特征及家庭特征发生变化的转型。为了考察农村转型的农户转型变化后不同农户的农业生产率是否有差异，本节将分别对农户家庭的劳动力结构变化，农户的主要工作收入变化，以及农户人力资本变化进行测算与比较。其中，本章定义的青年和中老年劳动力是根据联合国世界卫生组织的年龄标准进行划分的，44岁及以下属于青年，45岁及以上属于中老年。测算的具体结果，如表5-5所示。

表5-5 2008—2012年农村农户转型农户农业生产率VRS模型测算结果

农户转型	农户类型	样本量	2008	2010	2012	平均值
农户劳动力结构变化	女性劳动力	3193	0.603	0.634	0.639	0.625
	男性劳动力	1776	0.611	0.622	0.644	0.626
	中老年劳动力（≥45岁）	3503	0.588	0.606	0.631	0.608
	青年劳动力（<45岁）	1278	0.668	0.693	0.697	0.686
农户工作收入变化	兼业农户	2135	0.584	0.593	0.597	0.591
	非兼业农户	2837	0.635	0.638	0.626	0.633
	非农收入高（≥80%）	1765	0.459	0.433	0.462	0.451
	农业收入低（<80%）	3207	0.634	0.673	0.675	0.661
农户人力资本变化	初中以上教育程度	2271	0.604	0.633	0.638	0.625
	小学及以下教育程度	2701	0.608	0.630	0.640	0.626
	体重超重肥胖	1073	—	—	—	—
	体重非超重肥胖	3261	—	—	—	—

数据来源：世界银行贷款中国新农村生态家园富民工程项目调查数据。"–"表示无测算结果。

从测算结果表5-5可以看出，农村转型农户特征不同农户的农业生产率产生不同：

（1）从农户的劳动力结构变化来看：农业劳动力的确是"女性化""老龄化"，但是从2008—2012年农户样本的测算结果来看，女性和男性综合技术效率的平均值基本上没有差别；但是青年劳动力的农业综合技术效率平均值0.686远高于中老年劳动力平均值0.608。这表明，当今农村劳动的农户中男女性别的农业生产率差别不大，但是年龄的农业生产率有明显的差别。

（2）从农户的工作和收入变化来看：农户非兼业和农户的非农收入

占比低的农业综合技术效率分别0.633和0.661都明显高于0.591和0.451兼业和非农收入占比高的农户农业生产率。这表明，兼业和非农收入占比高的农户不利于农业生产率的提高。

（3）从农户的人力资本结构变化来看：教育程度高和低的农户农业生产率平均值分别为0.625和0.626，没有明显差别。这表明，在转型期农户的教育程度对农户的农业生产率没有明显的作用。这可能与农户整体的教育程度的差异性不大，或者教育在农业生产中没有发挥出应有的作用有关。农户超重肥胖导致人力资本的健康资本问题，由于在农户调查样本数据中没有相关的数据，因此没有测算超重肥胖与非超重肥胖农户的农业生产率及其比较。农户超重肥胖问题对农业生产率的影响将在本书第七章重点进行探讨和研究。

农村农户转型变化不同农户农业综合技术效率比较的差异性，可以从图5-4、图5-5和图5-6中直观地看出。

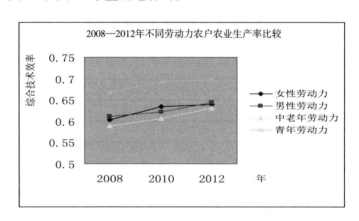

图5-4　2008—2012年不同劳动力结构农户农业生产率比较

从图5-4可以明显看出，青年劳动力的农业生产率最高，而中老年劳动力的农业生产率最低，男性和女性农户的农业生产率没有明显差别。

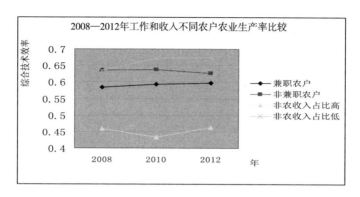

图5-5　2008—2012年不同兼业和收入来源农户农业生产率比较

从图5-5中可以看出，非农收入为主农户的农业生产率最低，其次是兼业农户，农业生产率最高的是家庭收入主要来源于农业收入的农户。这表明，兼业和收入主要来源于非农不利于农业生产率的提高。

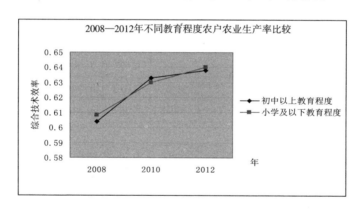

图5-6　2008—2012年不同受教育程度农户农业生产率比较

从图5-6人力资本变化的受教育程度来看可知，在2008—2012年农户样本中教育程度不同的农户农业生产率没有明显的差别。这可能与农村从事农业生产劳动的农户年龄老龄化、整体教育程度偏低有关，导致在家务农农户对新技术的认知、采纳、推广，以及对农业生产管理提高的意愿不强和能力缺乏。这也说明，教育程度对农业生产率提升不起作用是一个严重的问题。

5.4.4 农村农业转型农户农业生产率的测度结果与比较

农村农业转型是农业生产经营管理的变化转型。为了考察不同农业生产经营农户的农业生产率的差异，本节对农业的规模经营、农业技术采纳以及农业高质量发展进行了农业生产效率的测算。其中，农户的经营规模界定，如果按照World Bank（2003）对规模经营的标准定义小于2公顷土地属于小规模经营，考虑到我国农业生产的实际情况，大多数农户难以达到世界银行的标准，因此，本章参考国内相关文献把农户按经营规模分为三大类：农业经营规模在10亩以上的农户为经营大户，经营规模在5—10亩的农户为中等农户，经营规模在5亩以下的为小农户。测算的具体结果，如表5-6所示。

表5-6　2008—2012年农村农业转型农户农业生产率VRS模型测算结果

农业转型	农户类型	样本量	2008	2010	2012	平均值
农业规模化经营	农业大户（>10亩）	1245	0.652	0.697	0.713	0.687
	中等农户（5—10亩）	1941	0.601	0.628	0.644	0.624
	小农户（≤5亩）	1786	0.597	0.609	0.611	0.606
农业技术采纳	使用良种	3082	0.612	0.644	0.657	0.638
	没使用良种	1890	0.588	0.616	0.629	0.611
农业高质量发展	施用有机肥	1035	0.620	0.662	0.697	0.660
	没施用有机肥	3937	0.589	0.611	0.630	0.610
	耕地改良	1594	0.615	0.642	0.658	0.638
	没耕地改良	3378	0.587	0.607	0.627	0.607

从表5-6可以看出：

（1）农业规模经营对农户的农业生产效率有明显的影响。其中农业经营大户的农业综合效率平均值为0.687，中等户为0.624，小农户为0.606。这表明，经营规模有利于提高农户的农业生产效率。在中国，农业长期过度投入，扩大农业规模不仅可以提高投入生产要素的利用率、节约投入成本，而且可以更好地利用农业先进技术、增加农业产出，利用农业机械化代替不断上涨的劳动雇工成本、节约成本支出，从而综合提高农业生产效率。

（2）从农业技术采纳的良种使用来看，良种使用的农户农业综合技术效率为0.638，高于没有使用良种农户的0.611。良种是农业技术进步的重要代表，说明采纳农业技术能明显提高农业生产率。

（3）中国长期使用化肥来达到高投入高产出，施用有机肥是否有利于农业生产率的提高？从施用有机肥农户的农业综合技术效率0.660明显高于未使用有机肥的0.611可以看出，有机肥的施用有利于农业生产率的提高。有机肥的施用不仅能改善作物的品质，而且有机肥改善长期以来施用化肥造成的土壤板结、酶活性不高、土壤地力下降和严重的农业面源污染等问题，有利于作物生产，提高作物产量。同样，耕地改良的农户农业综合技术效率平均值为0.638，高于非耕地改良农户的0.607。这说明通过改良土壤这种绿色环保、增加农产品品质的农业高质量发展正是中国当前农业供给侧结构性改革和农业高质量发展所需要的，不仅改善了农产品的品质，而且有利于农业生产率的增长。

农业转型变化不同农户农业生产率的比较，如图5-7，图5-8和图5-9所示。

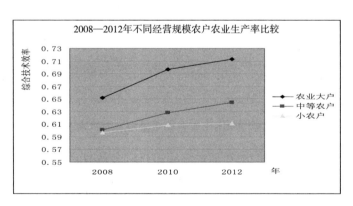

图5-7 2008—2012年不同农业经营规模农户农业生产率比较

从图5-7不同经营规模农户农业生产率比较，可知农业经营大户大于中等农户，中等农户大于小农户。这表明，经营规模有利于农业生产率的提高。

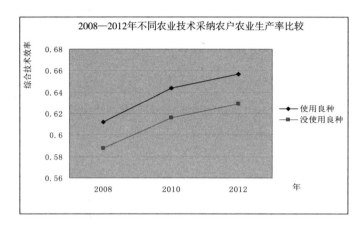

图5-8 2008—2012年不同农业技术采纳农户农业生产率比较

从图5-8可以看出，采纳良种的农户比没有采纳的农户农业生产率明显要高。这充分表明，农户采纳农业技术能显著提高农业综合技术效率。

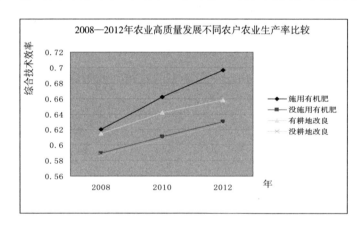

图5-9 2008—2012年不同农业高质量发展农户农业生产率比较

从图5-9可以看出，农业通过施用有机肥和改良土壤改善农业产品质量的高质量发展措施能显著提高农户的农业生产率。这可能由于耕地土壤的改良，不仅提高了土壤的肥力地力，而且提高了土壤化肥的利用效率，增加了农产品的产出，降低了投入成本，使农业生产率得以提高。

5.4.5 单品种水稻生产率测度与比较

调查的南方五省区市是水稻的主产区,水稻作为农户家庭的口粮作物,农户一直十分重视水稻的生产投入。因此,为了比较整个农户农业生产率和水稻农户生产率,本节将对单品种水稻生产率进行测算和比较。

5.4.5.1 数据来源与处理说明

本节使用的数据也是世界银行贷款中国新农村生态家园富民工程项目的农户调查数据。本节主要为了考察水稻的生产率水平,选取水稻种植户作为研究样本农户,删除异常值和缺失值,获得了3508户农户样本。样本分布,其中安徽为1080户,占30.79%,重庆808户,占23.03%,广西、湖南、湖北都是540户,占15.39%,样本基本均匀分布在5个调查省区市,具有较好的代表性。

5.4.5.2 指标选取和说明

为了考察农户的水稻生产率,本节主要参照了方福前、张艳丽(2010),陈海磊、史清华、顾海英(2014)和黄祖辉、王建英、陈志刚(2014),以及《中国统计年鉴》中农业生产投入产出的指标来选取投入产出指标变量,采用亩均的投入产出来进行测算,具体指标和定义如表5-7所示。

表5-7 农户水稻生产投入产出指标变量及定义

指标	变量	单位	定义
投入指标(Input)	劳动力投入	人/户	农户家庭大于16周岁在家参加水稻生产劳动的总人数
	播种面积	亩/户	农户经营水稻的总种植面积
	种子薄膜费	元/亩	农户水稻生产购买种子和薄膜总费用
	机械畜力作业费	元/亩	农户水稻生产的耕地、插秧、收割等机械和畜力作业的总费用
	农药化肥费	元/亩	农户水稻生产购买农药化肥总费用
产出指标(Output)	水稻总产量	公斤/亩	水稻产出,包括双季籼稻的总产量。

5.4.5.3　样本描述性统计

本节选取2008—2012年水稻生产的农户样本，其投入要素成本和产出收入使用《中国统计年鉴》（2008—2013年）中农产品生产价格指数、农业生产资料价格指数和消费者价格指数（CPI）分别进行了平减。农户样本数据的投入产出变量的描述性统计，如表5-8所示。

表5-8　2008—2012年农户水稻生产投入产出变量的描述性统计

指标	变量	单位	样本量	平均值	标准差	最大值	最小值
投入指标（Input）	劳动力	人/户	3508	3.906	1.403	8.000	1.000
	播种面积	亩/户	3508	2.510	3.769	165.500	0.050
	种子薄膜费	元/亩	3508	41.403	6.612	58.793	27.213
	机械畜力作业费	元/亩	3508	126.895	23.798	220.000	44.170
	农药化肥费	元/亩	3508	177.215	13.342	242.846	88.968
产出指标（Output）	水稻产量	公斤/亩	3508	446.463	13.547	625.000	114.754

数据来源：根据世界银行贷款中国新农村生态家园富民工程项目调查数据计算整理所得。

5.4.5.4　测度结果分析

本节运用DEAP2.1软件对水稻生产率进行测算。测算结果如下：

1. 农户水稻生产技术效率的CRS和VRS模型估计结果

为了估计农户水稻生产技术效率总体水平和生产要素投入状况，本节采用规模报酬不变的CRS和规模报酬可变的VRS同时进行估计，以便进行比较分析获取更多的结构信息，估计结果如下表5-9和表5-10所示。

表5-9　2008—2012年农户水稻生产技术效率CRS模型测算结果

指标变量		2008	2010	2012	平均值	平均比率
技术效率（TE(CRS)）		0.584	0.593	0.597	0.591	—
产出不变可节约的投入（Input-orientated DEA）	劳动力投入（人/户）	1.010	0.218	0.333	0.550	17.76%
	播种面积（亩/亩）	0.116	0.008	0.003	0.042	1.67%
	种子薄膜费（元/亩）	8.196	4.954	10.593	7.914	19.11%
	机械畜力作业费（元/亩）	17.246	15.042	25.915	19.401	15.29%
	农药化肥费（元/亩）	42.148	30.854	61.276	44.759	25.26%
投入不变可增加的产出（Output-orientated DEA）	水稻产量（公斤/亩）	0.000	0.000	0.000	0.000	0.000

注释：节约投入平均比率（%）=要素节约平均值/投入平均值×100%，产出增加平均比率=产出增加平均值/亩均产出量×100%。"—"表示此栏不适用，不需填写。下表同。

表5-10　2008—2012年农户水稻生产技术效率VRS模型测算结果

指标变量		2008	2010	2012	平均值	平均比率
技术效率（TE(CRS)）		0.584	0.593	0.597	0.591	—
纯技术效率（PTE(VRS)）		0.640	0.638	0.626	0.635	—
规模效率（SE）		0.913	0.929	0.959	0.934	—
规模报酬状态		IRS	IRS	IRS	IRS	—
产出不变可节约的投入（Input-orientated DEA）	劳动力投入（人/户）	0.286	0.149	0.134	0.190	4.86%
	播种面积（亩/亩）	0.279	0.013	0.010	0.101	4.01%
	种子薄膜费（元/亩）	13.196	4.199	8.591	8.662	20.92%
	机械畜力作业费（元/亩）	30.690	13.775	23.272	22.579	17.79%
	农药化肥费（元/亩）	66.547	23.776	51.017	47.113	26.59%
投入不变可增加的产出（Output-orientated DEA）	水稻产量（公斤/亩）	11.256	17.237	10.133	12.875	2.88%

注释：IRS（Increasing Returns to Scale）为规模报酬递增；TE(CRS)=PTE(VRS)×SE。

从表5-9和表5-10，我们发现：

（1）农户2008—2012年水稻生产技术效率平均值为0.591，这表明中国农户的水稻生产技术效率总体还处在比较低的状态水平，存在较大的潜在提升空间。时间维度上，从规模报酬可变的VRS模型估计中可以看出，2008—2012年纯技术效率一直处于递减状态，规模报酬一直处于递增状态，这表明农户的纯技术效率（PTE$_{(VRS)}$）成了技术效率提高的短板。

（2）在产出不变情况下生产要素投入可节约。其中：劳动力投入户平均可节约0.190—0.550个劳动力，平均可节约4.89%—17.76%；播种面积平均每亩可节约0.042—0.101亩，平均可节约1.67%—4.01%；种子薄膜费用平均每亩可节约7.914—8.662元，平均可节约19.11%—20.92%；机械畜力作业费平均每亩可节约19.401—22.579元，平均可节约15.29%—17.79%；农药化肥费用平均每亩可节约44.759—47.113元，平均可节约25.26%—26.59%。这表明中国农户水稻生产是粗放型的生产方式，主要依靠要素高投入获取高产出。过度的农药化肥投入，不仅破坏了农业生态环境，而且制约了农业生产效率的提高，造成严重的农业面源污染。

（3）在投入不变、规模报酬不变CRS模型估计下（如表5-9），可增加的水稻产量为0。这表明当前要素超额投入状态下，如果技术效率、技术进步和规模效率不变，水稻产量难以增加。但在规模报酬可变的VRS模型估计下（如表5-10），可以使水稻平均亩产增加12.875公斤，平均增产2.88%。这表明，促进规模报酬递增，则可以较大幅度地提高中国水稻的产量，从而提高中国农业生产率水平。

2. 不同经营规模农户水稻生产技术效率估计结果

为了考察农户不同经营规模对农业生产技术效率的影响，本节把样本农户经营规模进行了分类，按照World Bank（2003）对规模经营的标准定义小于2公顷土地属于小规模经营，但考虑本节选取的样本省区市都来自中国南方，多丘陵和山区，大多数农户难以达到世界银行的标准，因此，本节参考国内相关文献把农户按经营规模分为三大类：户水稻经营规模在10亩以上的农户为种稻大户，经营规模在5—10亩的农户为种稻中等户，经营规模在5亩以下的为种稻小户。对不同经营规模农户水稻生产技术效率进行了CRS模型估计，估计结果如表5-11所示。

表5-11　2008—2012年不同经营规模农户水稻生产技术效率测算结果

农户类型	技术效率（TE）	农户户数	比例（%）
种稻大户（10—165.5亩）	0.619	193	5.50
种稻中等户（5—10亩）	0.580	663	18.90
种稻小户（<5亩）	0.502	2652	75.60
合计	—	3508	100

从表5-11可以看出，在2008—2012年种稻大户水稻生产技术效率平均为0.691，种稻中等户平均为0.580，种稻小户平均为0.502，很明显0.691＞0.580＞0.502，这表明中国农户扩大水稻种植规模有利于提高水稻种植的技术效率。

5.4.6　整个样本与单品种水稻样本农户农业生产率比较

整个样本与单品种水稻样本农户农业生产率比较，如下表5-12所示：

表5-12　2008—2012年整个样本与水稻样本农户农业生产率比较

农户类型		2008	2010	2012	平均值
整个样本	综合技术效率（TE$_{(CRS)}$）	0.607	0.631	0.642	0.626
	纯技术效率（PTE$_{(VRS)}$）	0.699	0.684	0.686	0.690
	规模效率（SE）	0.868	0.922	0.936	0.909
单品种水稻样本	综合技术效率（TE$_{(CRS)}$）	0.584	0.593	0.597	0.591
	纯技术效率（PTE$_{(VRS)}$）	0.640	0.638	0.626	0.635
	规模效率（SE）	0.913	0.929	0.959	0.934

从表5-12可以看出：

（1）整个样本农户的农业综合技术效率平均值为0.626，高于水稻的综合技术效率平均值0.591。这表明，农业综合配套的多品种农业作物生产比单品种水稻生产的农业生产率更高。这可能由于水稻主产区的农户长期水稻生产的过度投入反而使农业生产率下降，改用多品种耕种制度比单品种水稻生产可能更能节约生产投入，从而提高农业的综合技术效率。

（2）水稻生产率的规模效率高于整个农业的规模效率，纯技术效率低于整个农业的纯技术效率。这表明，水稻生产更具有规模效应的优势，纯技术效率方面有待进一步提升。

整个样本与水稻样本农户农业生产率比较，如图5-10所示。

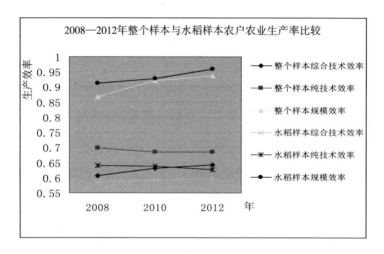

图5-10　2008—2012年整个农业样本与水稻样本农户农业生产率比较

5.5　本章小结

通过测算比较农村转型期农村社会、农户和农业转型变化不同情况下的农户农业生产率水平，得到了下列主要结论：

（1）农村社会转型下，农村社会关于农业经济发展软环境建设方面，农业技术推广站、农业专业合作组织、农业专业技术协会和其他社会经济组织，以及村庄农资商店，能明显提高农户的农业生产率水平；但是，农村金融机构农村信用合作社，农村农贸市场没有促进所在村庄农户农业生产率。农村社会转型硬环境建设方面，农村交通基础设施显著地提高了所在村庄农户的农业生产率；而有无去临近乡镇或县城的公共汽车对农户农业生产率无明显影响。

（2）农村农户转型下，农户劳动力结构变化的女性和男性劳动力的农业生产率没有明显的差别，但是青年劳动力的农业生产率明显高于中老年劳动力的农业生产率；农户工作和收入变化方面，农户兼业和非农收入占比高的农户农业生产率明显低于非兼业农户和以农业收入为主的农户；人力资源方面，农户教育程度高低对农户农业生产率水平的影响不明显。

（3）农村农业转型下，农业规模经营、农业技术采纳，以及农业高质量发展等转型变化都显著提升农户的农业生产率水平。

（4）农户水稻生产率比整个农业生产率低，表明水稻过度使用农药化肥等农业生产资料，不仅不利于水稻生产率增长，而且导致了严重的农业污染问题；而配套多品种的农业生产和耕作制度比水稻单品种生产可能更有利于农户农业生产率的增长。

第六章

中国农村转型对农户农业生产率影响的实证分析

为了实证检验农村转型下农村社会、农户和农业转型变化因素对农户农业生产率的影响，检验效率及效率的有效性，本章利用第五章对整体样本农户、单品种水稻样本，以及不同转型变化农户农业生产率测度的数据，运用Logit模型对农户农业生产效率的有效性进行实证检验，以及运用Tobit模型对农户农业生产效率水平影响程度进行显著性检验。

6.1 实证模型构建

为了探讨中国农村转型发生的农村社会转型、农户和农业转型对农户农业生产率的影响，本章以第五章测算的整个样本农户农业生产率水平、单品种水稻以及不同转型农户样本的农业生产率水平为被解释变量，以农村转型下的农村社会、农户和农业转型的因素变化为解释变量来进行实证分析。由于测度农户农业生产率水平的数据取值范围在[0，1]之间，属于典型的截断数据，如果采用最小二乘法的普通回归估计法可能会产生结果不一致的有偏估计。因此为了规避估计结果的不一致性，本章采取受限被解释变量Tobit回归模型，采用最大似然估计法进行模型估计（朱满德、李辛一、程国强，2015）。

6.1.1　Tobit模型构建

Tobit回归模型是James Tobin（1958）提出的用来解决因变量数据受限或截断的回归模型。其模型如公式（6-1）：

$$Y_i^* = X_i'\beta + \varepsilon_i \qquad i = 1, 2, \cdots, n \qquad\qquad （6-1）$$

当因变量是一个受限数值C时，就可以写成公式（6-2）：

$$Y_i = \begin{cases} Y_i^*, & Y_i^* > C \\ C, & Y_i^* \leq C \end{cases} \qquad\qquad （6-2）$$

假设模型误差项 ε_i 服从 $N(0, \sigma^2)$ 分布，Tobit模型可以表示为公式（6-3）：

$$Y_i = \begin{cases} X'_i\beta + \varepsilon_i, & X'_i\beta + \varepsilon_i > 0 \\ 0 & 其他 \end{cases} \qquad\qquad （6-3）$$

其中，$\varepsilon_i \sim N(0, \sigma^2)$

通过公式（6-3）采用最大似然估计可以估计出参数 β 的值。因此，根据上述Tobit模型理论，构建本章的Tobit回归模型为公式（6-4）：

$$y_{it} = \beta_0 + \beta_1\chi_{1i} + \beta_2\chi_{2i} + \cdots + \beta_t\chi_{ti} + \varepsilon_i = \beta_0 + \sum_{t=1}^{n}\beta_t\chi_{ti} + \varepsilon_i \qquad （6-4）$$

公式（6-4）中，y_{it} 表示测度的农户农业生产率水平，数据在[0，1]之间，i为农户样本，t为时间，β_0 为回归截距；x_1，x_2，x_3，$\cdots$，x_i 为影响农户农业生产率水平的相关解释变量；β_1，β_2，β_3，$\cdots$，β_i 为相应解释变量的回归系数；ε 为随机扰动项。

6.1.2　Logit模型构建

为了检验农村转型期因素变化对农户农业生产率水平是否有效率的影响，被解释变量是农户农业生产率水平是否有效率，只有"有效率"和"无效率"两种选择，属于二元选择问题，被解释变量具有非连续性的特点。当农户的农业生产率达到农业生产前沿面时，农户的农业生产率水平是有效率，被解释变量取值为1，即TE=1；当无效率时，被解释变量取值为0，即TE=0。

因此，农户农业生产率有效率（XTE）的概率p取值介于0和1之间，是典型的0-1结构的二元选择Logit模型。构建本章农户农业生产率水平的效率的二元Logit模型如公式（6-5）所示：

$$XTE = \ln\left(\frac{p}{1-p}\right) = \beta_0 + \beta_1\chi_{1i} + \beta_2\chi_{2i} + \cdots + \beta_t\chi_{ti} + \varepsilon_i = \beta_0 + \sum_{t=1}^{n}\beta_t\chi_{ti} + \varepsilon_i$$

（6-5）

公式（6-5）可以转变为公式（6-6）：

$$\frac{p}{1-p} = \exp(\beta_0 + \sum_{i=1}^{n}\beta_i\chi_i)$$

（6-6）

通过整理可以得到公式（6-7）：

$$p = F(\beta_0 + \sum_{i=0}^{n}\beta_i\chi_i) = \frac{1}{1 + \exp[-(\beta_0 + \sum_{i=0}^{n}\beta_i\chi_i)]}$$

（6-7）

公式（6-7）中，p为农户农业生产率水平是否有效率的概率，β_0为回归截距；x_1，x_2，x_3，$\cdots$，x_i为影响农户农业生产率水平的相关解释变量；β_1，β_2，β_3，$\cdots$，β_i为相应解释变量的回归系数；ε为随机扰动项。

6.2 数据处理说明

本章被解释变量为农户农业生产率水平和农业生产效率是否有效率，数据来源于第五章测算的整个样本农户农业生产率水平、单品种水稻样本，以及不同转型农户农业生产率水平。解释变量为农村转型变化的各个因素，来源于世界银行贷款中国新农村生态家园富民工程项目的农户问卷调查数据，该数据经过处理最终获得4972个有效农户样本。

6.3　指标选取及样本描述

6.3.1　指标选取与定义

（1）被解释变量。被解释变量包括农户农业生产率水平和生产效率是否有效率。其中，农户农业生产率水平为DEA测定的农户农业综合技术效率（TE），TE取值范围在[0，1]之间。农户农业生产效率是否有效率：当农业综合技术效率$0 \leqslant TE < 1$时，农业生产效率为无效率，此时XTE=0；当TE=1，农业生产效率为有效率，此时XTE=1。

（2）解释变量。解释变量主要是农村转型中农村社会、农户和农业转型变化的各个因素。

（3）控制变量。为了考察农村转型变化因素对农业生产率的影响，本章把农户的农业生产投入作为模型的控制变量。

指标变量的选取及其定义，如表6-1所示。

表6-1　Tobit和Logit模型指标变量及其定义

变量名称		变量定义	单位
被解释变量	农业生产率水平（TE）	DEA方法测度的整个农户样本及不同农户样本农户农业综合技术效率水平数值	—
	农业生产有效率（XTE）	当TE=1，农户农业生产率有效率，1=XTE；当$0 \leqslant TFP < 1$，农户农业生产率无效率，0=XTE.	—
解释变量			
交通设施	硬化马路	1=有硬化马路，0=无硬化马路	—
	公共汽车	1=有公共汽车，0=无公共汽车	—
农技农资设施	农业推广站	1=有农业推广站，0=无农业推广站	—
	农资商店	1=有农资商店，0=无农资商店	—
社会经济活动设施	社会经济活动	1=有农业社会经济活动，0=无农业社会经济活动	—
	农村信用社	1=有农村信用合作社，0=无农村信用合作社	—
	农贸市场	1=有农贸市场，0=无农贸市场	—

变量名称		变量定义	单位
劳动力结构	性别	1=女性，0=男性	—
	年龄	周岁，年龄数	年
农户	兼业程度	过去1年里没有在家居住的月数	月
职业	非农收入占比	非农收入占家庭收入的比重	%
人力资本	受教育程度	教育年限：教育上学的实际年数	年
规模经营	耕种面积	农户所有农作物的播种面积的总和	亩
技术采纳	使用良种	1=使用良种，0=没使用良种	—
农业高质量发展	耕地改良	1=耕地改良，0=没有耕地改良	—
	有机肥费用	有机肥投入费用	元
控制变量			
投入指标（Input）	劳动力投入	农户家庭大于16周岁在家参加农业生产劳动的总人数	人
	播种面积	农户农业生产所有作物的总种植面积	亩
	种子费	农户农业生产购买种子总费用	元
	农用薄膜费	农户农业生产购买农用薄膜总费用	元
	役畜和机械作业费	农户农业生产的耕地、插秧、收割、运输等机械和畜力作业的总费用	元
	农药费	农户农业生产购买所有农药总费用	元
	化肥费	农户农业生产购买所有化肥总费用	元
	灌溉费	农户农业生产用于耕地灌溉的总费用	元
	雇工费	农户农业生产雇用农业劳工的总费用	元

注："—"表示变量无单位。

6.3.2 样本描述性统计

对2008—2012年整个样本农户的转型变化因素变量及投入变量数据进行统计分析，其变量的描述性统计，如表6-2所示。

表6-2 2008—2012年整个样本农户变量的描述性统计

变量名称		样本量	最大值	最小值	平均值	标准差
被解释变量	农业生产率水平	4972	1	0.02	0.626	0.300
	农业生产效率	4972	1	0	0.084	0.278
解释变量						
交通设施	硬化马路	4971	1	0	0.780	0.414
	公共汽车	4950	1	0	0.184	0.498
农技农资设施	农业推广站	4957	1	0	0.164	0.370
	农资商店	4971	1	0	0.474	0.499
社会经济活动设施	社会经济活动	1672	1	0	0.521	0.499
	农村信用社	4964	1	0	0.131	0.338
	农贸市场	4950	1	0	0.184	0.388
劳动力结构	性别	4969	1	0	0.643	0.479
	年龄	4972	80	21	52.344	10.377
农户职业	兼业程度	4969	12	0	5.23	3.140
	非农收入占比	4972	99.76	6.39	57.94	32.82
人力资本	教育程度	4972	16	0	6.282	2.707
规模经营	耕种面积	4972	3008.5	0.5	9.756	48.683
技术采纳	使用良种	4972	1	0	0.620	0.485
农业高质量发展	耕地改良	4972	8180	0	122.550	518.06
	有机肥费用	4972	1	0	0.321	0.467
控制变量						
投入指标（Input）	劳动力投入	4972	8	1	3.812	1.122
	播种面积	4972	3008.5	5	9.756	48.683
	种子费	4972	15000	10	227.409	350.407
	农用薄膜费	4972	4000	9	66.626	233.433
	役畜和机械作业费	4972	11000	20	153.1549	265.6639
	农药费	4972	10000	10	425.3592	785.0571
	化肥费	4972	11080	13	1050.143	1040.197
	灌溉费	4972	5280	15	65.05611	156.1472
	雇工费	4972	10000	30	140.3711	496.39

数据来源：根据世界银行贷款中国新农村生态家园富民工程项目调查数据计算整理所得。

6.4　整个样本农户农业生产率影响因素的实证分析

本章利用STATA12.1软件，运用2008—2012年整个样本数据对转型期农户农业生产率水平的影响因素进行了Tobit模型实证检验，对农户生产率是否有效率的影响因素进行Logit模型实证检验。实证结果，如表6-3所示。本章控制了农户投入产出的影响，对回归估计模型进行了Hausman 检验，检验结果拒绝了综合技术效率TE与村级区域和时间无关的原假设，因此，本章采取固定效应模型进行估计。

表6-3　2008—2012年整个样本农户农业生产率影响因素的
Tobit和Logit模型估计结果

被解释变量		整个TE的Tobit模型估计		整个XTE的logit模型估计	
核心变量		系数	t值	系数	z值
交通设施	硬化马路	0.0079**	1.99	0.5295**	2.01
	公共汽车	0.0017	1.49	0.3434	1.27
农技农资设施	农业推广站	0.0745***	2.85	0.5278***	3.38
	农资商店	0.0012**	1.93	0.1911**	2.87
社会经济活动设施	社会经济活动	0.0812***	3.01	0.2821***	3.03
	农村信用社	0.0031	1.08	0.2442	1.51
	农贸市场	0.0036	1.33	0.2549	1.42
劳动力结构	性别	−0.0082	−0.897	−0.1477	−1.29
	年龄	−0.0018**	−2.18	−0.0055**	1.90
农户职业	兼业程度	−0.0189**	−2.36	−0.0525**	1.99
	非农收入占比	−0.1351***	−2.89	−0.4599***	2.69
人力资本	教育程度	0.0084	1.27	0.0215	0.98
规模经营	耕种面积	0.0067***	2.78	0.0177**	2.01
技术采纳	使用良种	0.0681**	2.02	0.6603***	2.72
农业高质量发展	耕地改良	0.0279**	2.01	1.3231**	2.36
	有机肥费用	0.0152**	1.98	0.6781**	2.46

续表

控制变量					
投入指标（Input）	劳动力投入	0.0072	1.57	−0.0003	1.17
	播种面积	0.0062***	3.04	0.0279***	3.67
	种子费	0.1004***	3.12	0.0003**	2.98
	农用薄膜费	0.0154**	2.35	0.0001**	1.97
	役畜和机械作业费	0.0038***	2.87	0.0039***	3.02
	农药费	0.0036	1.16	0.0002	1.51
	化肥费	−0.0158	−1.48	−0.0003	−1.03
	灌溉费	0.0108	1.38	0.0004**	1.98
	雇工费	0.0087	0.39	0.0035	1.49
时间效应	年	Yes	Yes	Yes	Yes
地区效应	村级	Yes	Yes	Yes	Yes
	constent	0.3830**	1.82	−1.721**	−2.02
	Pseudo R^2	0.1709		0.1064	
	Prob＞chi2	0.0000		0.0000	

注：*** $p < 0.01$，** $p < 0.05$，* $p < 0.1$。No表示没有控制，Yes表示控制了时间和地区村级固定效应。

表6-3分别利用Tobit模型和logit模型对2008—2012年整个样本农户的农业生产率水平和生产率的有效程度进行估计，从估计结果来看，两个模型的结果基本趋向一致，说明估计结果较为稳健。从表6-3可以看出：

（1）对农村转型的农村社会硬环境变化，村庄有硬化马路对农户的农业生产率水平和生产率的有效率性都通过了5%的显著水平的检验，表明农村交通基础设施建设对农户农业生产率水平产生了显著的正影响。但是，村庄有去临近乡镇或县城的公共汽车虽然估计系数为正值，没有通过显著性检验，表明对农户的农业生产率水平影响不明显。

对农村社会软环境的转型变化，村庄有农业技术推广站、农资商店和农村有农业社会经济组织及其活动都通过了5%和1%的显著性水平检验，表明2008—2012年村庄的农业发展相关的农业技术推广站、农业经济组织以及农资商店等基础设施建设对农业生产率有显著的正向影响。但是，对于农业发展极其重要的农村金融、农村农贸市场对农户农业生产率的影响没有通过显著性检验，表明农村金融机构和农村市场结构对农业生产率的发展没有起到显著的作用。

（2）农村转型的农户转型变化，劳动力结构变化中的年龄结构对农户农业生产率水平有显著的负向影响，表明"老龄化"的农村劳动力对农业生产率的增长带来负向的挑战。性别结构对农业生产率也呈现负向关系的影响，但是没有通过显著性检验，这表明农村农业劳动"女性化"没有显著性负向影响农业生产率水平。

从农户的工作性质和收入来源看，农户兼业程度和非农收入占比显著影响农户的农业生产率，分别通过了5%和1%的显著性检验，这与第三章量化比较的结论是一致的，都表明农户兼业程度越高，非农收入占家庭收入比重越大，农户的农业生产率水平越低。

从农户人力资源变化来看，普遍低教育程度的农业劳动力对农业生产率的影响并不显著，这与教育程度对生产率的提升规模较不一致，可能由于农户受教育程度的差异性小导致对生产率影响差异性不显著。但是从第七章实证的结果可以看出，农户的超重肥胖显著地影响了农户的农业生产率水平。

（3）从农业转型变化，农业播种面积、技术采纳、使用良种，以及高质量发展施用有机肥和耕地改良都能显著地正向影响农户农业生产率水平，这表明中国农业的规模化经营，农业发展的转型升级和高质量发展有利于中国农业的生产率水平增长。

（4）从投入要素来看，播种面积、种子费用、农业薄膜费用、役畜和机械作业费用等都对农户农业生产率有显著性的正向影响，这表明农户扩大规模经营、使用良种、采用先进的农业技术和农业机械化能显著地提升农业生产率水平。但是，农药化肥、雇工费的影响并不显著，但是化肥费用的影响已经出现了负向关系，表明化肥要素的过度投入不但增加了投入成本，而且不能增加产出，对农业生产率起到了负向的作用。

6.5　不同转型农户农业生产率影响因素的实证分析

为了考察不同转型农户农业生产率影响因素的差异性，本章对农村社会转型、农户转型和农业转型农户农业生产率的影响因素分别进行了Tobit模型的实证检验。实证模型的估计结果，如表6-4、表6-5和表6-6所示。本章控制了农户投入产出的影响，对回归估计模型进行了Hausman检验，检验结果拒绝了综合技术效率TE与村级区域和时间无关的原假设，因此，本章采取固定效应模型进行估计。

表6-4　2008—2012年农村社会转型农户农业生产率影响因素的
Tobit模型估计结果

变量		硬化马路		邻近公共汽车		农业推广站	
		有	无	有	无	有	无
交通设施	硬化马路	—	—	0.0076***	0.0329**	0.0573***	0.0080***
	公共汽车	0.0656**	−0.0023	—	—	0.0133	0.0306
农技农资设施	农业推广站	0.0054**	0.0186**	−0.0180	0.0172	—	—
	农资商店	0.0454**	0.0108	0.0006	0.0147	0.0956**	0.0146
社会经济活动设施	社会经济活动	0.0005***	−0.0263**	−0.0307**	0.0073	0.0412***	−0.0031
	农村信用社	0.0617	0.0228	0.0034	0.0016	0.0272	0.0014
	农贸市场	0.0260	0.0534	0.0138	0.0661	0.0140	0.0478
劳动力结构	性别	0.0519	0.0630	0.0406	0.0403	0.0133	0.0374
	年龄	−0.0025**	−0.0009**	−0.0001	−0.0014	−0.0011	−0.0007
农户	兼业程度	−0.0027*	−0.0046	−0.0006	−0.0049	−0.0006	−0.0031
职业	非农收入占比	−0.0874**	−0.0414**	−0.0434**	−0.0836**	−0.0346**	−0.0894**

续表

变量		硬化马路		邻近公共汽车		农业推广站	
		有	无	有	无	有	无
人力资本	教育程度	−0.0038	0.0014	0.0019	−0.0039	−0.0081	0.0001
规模经营	耕种面积	0.0014**	0.0013	0.0025	0.0008	0.0026**	0.0011
技术采纳	使用良种	0.0421***	0.1026**	−0.0524	−0.0877	−0.0550	−0.0770
农业高质量发展	耕地改良	0.0309***	0.1353**	0.1900***	0.0391**	0.1627***	0.0983***
	有机肥费用	0.0002	0.0001	0.0003	0.0001	0.0001	0.0001
投入指标（Input）	劳动力投入	0.0069	0.0143	0.0065	0.0048	0.0078	0.0015
	播种面积	0.0002	0.0003	0.0003	0.0001	0.0001	0.0002
	种子费	0.0002	0.0002	0.0004	0.0003	0.0002	0.0002
	农用薄膜费	0.0003	0.0003	0.0002	0.0003	0.0003	0.0003
	役畜和机械作业费	0.0005**	0.0001	0.0004**	0.0003**	0.0005**	0.0001**
	农药费	0.0005	0.0002	0.0002	0.0002	0.0001	0.0001
	化肥费	−0.0001	−0.0002	−0.0001	−0.0001	−0.0002	−0.0002
	灌溉费	0.0002	0.0005	0.0002	0.0005	0.0001	0.0004
	雇工费	0.0002	0.0003	0.0001	0.0001	0.0001	0.0001
时间效应	年	Yes	Yes	Yes	Yes	Yes	Yes
地区效应	村级	Yes	Yes	Yes	Yes	Yes	Yes
	constent	0.4122***	0.4728**	0.5751***	0.5464**	0.1960***	0.5321***
	Pseudo R^2	0.3234	0.1341	0.2264	0.2267	0.6369	0.1611
	Prob>chi2	0.0000	0.0001	0.0000	0.0000	0.0000	0.0000

注：*、**和***分别表示变量在10%、5%和1%的统计水平上显著；"—"表示无估计系数。

表6-4 2008—2012年农村社会转型农户农业生产效率影响因素的Tobit模型估计结果

变量		农资商店		农业社会经济活动	
		有	无	有	无
交通设施	硬化马路	0.0573**	0.0088**	0.0033***	0.0301**
	公共汽车	0.0133	0.0267	0.0139	0.0451
农技农资设施	农业推广站	0.00140**	0.0714**	0.0470**	0.0366**
	农资商店	—	—	0.0019	−0.0201

续表

变量		农资商店		农业社会经济活动	
		有	无	有	无
社会经济活动设施	社会经济活动	0.0412***	0.0179***	—	—
	农村信用社	0.0272	0.0313	0.0358	0.0572
	农贸市场	0.0956	0.0506	0.0384	0.0499
劳动力结构	性别	0.0133	0.0439	0.0291	0.0970
	年龄	−0.0011	−0.0001	−0.0012	−0.0004
农户职业	兼业程度	−0.0006	−0.0023	−0.0008	−0.0038
	非农收入占比	−0.0346**	−0.0933***	−0.0469***	−0.0688***
人力资本	教育程度	0.0081	0.0024	0.0025	0.0040
规模经营	耕种面积	0.0026	0.0001	0.0028	0.0007
技术采纳	使用良种	0.0550**	0.0660**	0.0008**	0.1370**
农业高质量发展	耕地改良	0.1627**	0.0812**	0.1109***	0.0647**
	有机肥费用	0.0001	0.0001	0.0000	0.0001
投入指标（Input）	劳动力投入	0.0078	0.0046	−0.0012	0.0034
	播种面积	0.0002	0.0002	0.0001	0.0001
	种子费	0.0001	0.0000	−0.0002	0.0000
	农用薄膜费	0.0002	0.0002	0.0004	0.0003
	役畜和机械作业费	0.0005**	0.0004**	0.0004**	0.0003**
	农药费	−0.0001	−0.0001	−0.0001	−0.0001
	化肥费	−0.0002	−0.0002	−0.0001	−0.0001
	灌溉费	0.0001	0.0004	0.0002	0.0005
	雇工费	0.0002	0.0003	0.0003	0.0003
时间效应	年	Yes	Yes	Yes	Yes
地区效应	村级	Yes	Yes	Yes	Yes
	constent	0.5817**	0.4469***	0.4612***	0.5670
	Pseudo R^2	0.6369	0.1497	0.2780	0.2441
	Prob>chi2	0.0000	0.0000	0.0000	0.0000

注：*、**和***分别表示变量在10%、5%和1%的统计水平上显著；"—"表示无估计系数。

表6-4　2008—2012年农村社会转型农户农业生产效率影响因素的Tobit模型估计结果

变量		村内农村信用社		农贸市场	
		有	无	有	无
交通设施	硬化马路	0.1079**	0.0084**	0.0512**	0.0097**
	公共汽车	0.0023	0.0305	0.0045	0.0366
农技农资设施	农业推广站	0.0987***	0.0091***	0.0176**	0.0029**
	农资商店	0.0170**	0.0097	0.0403**	0.0068**
社会经济活动设施	社会经济活动	0.0678**	0.0101***	0.0065***	0.0125***
	农村信用社	—	—	−0.0317	−0.0008
	农贸市场	0.0057	0.0513	—	—
劳动力结构	性别	−0.0048	−0.0438	−0.0244	−0.0388
	年龄	−0.0016	−0.0007	−0.0007	−0.0009
农户职业	兼业程度	−0.0023	−0.0029	−0.0050	−0.0013
	非农收入占比	−0.0417***	−0.0828**	−0.0394**	−0.0677**
人力资本	教育程度	0.0094	0.0003	0.0005	0.0008
规模经营	耕种面积	0.0063	0.0009	0.0040	0.0006
技术采纳	使用良种	0.0553**	0.0751**	0.1156**	0.0664***
农业高质量发展	耕地改良	0.2359**	0.0881**	0.1474**	0.1028*
	有机肥费用	0.0001*	0.0002	0.0001	0.0002
投入指标（Input）	劳动力投入	−0.0357	0.0022	−0.0082	0.0042
	播种面积	0.0003	0.0004	0.0004	0.0004
	种子费	0.0001	0.0003	−0.0002	0.0003
	农用薄膜费	0.0006	0.0002	0.0011	0.0001
	役畜和机械作业费	0.0006**	0.0001***	0.0005**	0.0001**
	农药费	0.0000	0.0000	0.0000	0.0000
	化肥费	−0.0003	−0.0003	−0.0004	−0.0005
	灌溉费	0.0001	0.0004	0.0002	0.0004
	雇工费	0.0001	0.0001	0.0003	0.0001
时间效应	年	Yes	Yes	Yes	Yes
地区效应	村级	Yes	Yes	Yes	Yes

续表

变量	村内农村信用社		农贸市场	
	有	无	有	无
constent	0.9202***	0.51282***	0.6158***	0.54132**
Pseudo R²	0.6158	0.1634	0.5033	0.1546
Prob＞chi2	0.0002	0.0000	0.0000	0.0000

注：*、**和***分别表示变量在10%、5%和1%的统计水平上显著；"—"表示无估计系数。

表6-5　2008—2012年农村农户转型农户农业生产率影响因素的Tobit模型估计结果

变量		劳动力性别结构		劳动力年龄结构		兼业程度	
		妇女	男性	中老年	青壮年	兼业	非兼业
交通设施	硬化马路	0.0578**	0.0150**	0.0312	0.0233**	0.0224	0.0171**
	公共汽车	0.0399	0.0309	0.0369	0.0172	0.0666	0.0233
农资设施	农业推广站	0.0478**	0.0020**	0.0008	0.0342***	0.0013	0.0090***
	农资商店	0.0641**	0.0088**	0.0146	0.0034**	0.0015	0.0074**
社会经济活动设施	社经活动	0.1341**	0.0129**	0.0276*	0.0356**	0.0420*	0.0038**
	农村信用社	0.0392	−0.0284	−0.0546	0.0442	0.0586	−0.0340
	农贸市场	−0.0639	0.0443	0.0693	0.0070	−0.1085	0.0610
劳动力结构	性别	—	—	−0.0519	0.0135	−0.1642	0.0403
	年龄	0.0015	−0.0009	—	—	0.0027	−0.0011
农户	兼业程度	0.0083	−0.0024	0.0002	−0.0040	−0.0073**	0.0008
职业	非农收入占比	−0.0933**	−0.0718*	−0.0499	−0.1046**	−0.1466***	−0.0920
人力资本	教育程度	0.0068	0.0021	0.0008	0.0045	0.0008	−0.0015
规模经营	耕种面积	0.0072	0.0017	0.0002	0.0036	0.0036	0.0019
技术采纳	使用良种	0.1546**	0.0740**	0.0880**	0.0550***	0.0148**	0.0884***
农业高质量发展	耕地改良	0.1134**	0.1324**	0.1539	0.0240**	0.1367	0.1126***
	有机肥费用	0.0002	0.0002	0.0003	0.0002**	0.0002	0.0003***

续表

变量		劳动力性别结构		劳动力年龄结构		兼业程度	
		妇女	男性	中老年	青壮年	兼业	非兼业
投入指标（Input）	劳动力投入	0.0600	0.0013	0.0061	0.0131	0.0280	0.0024
	播种面积	0.0002	0.0002	0.0000	0.0003	0.0002	0.0002
	种子费	0.0002	0.0001	0.0001	0.0001	−0.0001	0.0001
	农用薄膜费	0.0013**	0.0003	0.0003	0.0003	0.0003	0.0003**
	役畜和机械作业费	0.0008***	0.0001***	0.0001**	0.0004***	0.0004***	0.0001**
	农药费	−0.0001	−0.0001	0.0001	0.0001	−0.0001	0.0001
	化肥费	−0.0003	−0.0002	−0.0002	−0.0002	0.0001	0.0001
	灌溉费	0.0006	0.0004	0.0005	0.0001	0.0003	0.0004
	雇工费	−0.0002**	0.0001	−0.0002*	0.0002	−0.0001**	0.0002
时间效应	年	Yes	Yes	Yes	Yes	Yes	Yes
地区效应	村级	Yes	Yes	Yes	Yes	Yes	Yes
	constent	0.2209	0.5760***	0.6147***	0.6981***	0.3128	0.5788***
	Pseudo R^2	1.1248	0.1700	0.1892	0.3266	0.5099	0.1774
	Prob＞chi2	0.0014	0.0000	0.0000	0.0000	0.0005	0.0000

注：*、**和***分别表示变量在10%、5%和1%的统计水平上显著；"—"表示无估计系数。

表6-5 2008—2012年农村农户转型农户农业生产效率影响因素的Tobit模型估计结果

变量		非农收入占比		受教育程度	
		高（≥80%）	低（<80%）	初中及以上	小学及以下
交通设施	硬化马路	0.0097	0.0109**	0.004 17**	0.0317**
	公共汽车	0.0459	0.0149	0.030 07**	0.0181
农技农资设施	农业推广站	0.0186	0.0166***	0.0367**	0.0232**
	农资商店	0.0017	0.0190**	0.0180**	0.0003
社会经济活动设施	社会经济活动	0.0341	0.0027**	0.0151**	0.0348**
	农村信用社	−0.1023	0.0066	0.0076	0.0278
	农贸市场	0.0328	0.0513	0.0231	0.0626

续表

变量		非农收入占比		受教育程度	
		高（≥80%）	低（<80%）	初中及以上	小学及以下
劳动力结构	性别	0.0071	−0.0459	0.0166	−0.0446
	年龄	0.0004	−0.0007***	0.0002**	−0.0007**
农户职业	兼业程度	−0.0053**	−0.0002	−0.0025	−0.0038
	非农收入占比	−0.3787**	0.0719	0.1099	0.0105
人力资本	教育程度	−0.0085**	0.0043	0.0126**	0.0075
规模经营	耕种面积	0.0007	0.0020**	0.0028***	0.0002
技术采纳	使用良种	0.0797	0.0671**	0.0396***	0.0949***
农业高质量发展	耕地改良	0.0568	0.1499**	0.1590 7***	0.0679**
	有机肥费用	0.0002	0.0002**	0.0000 7**	0.0001
投入指标（Input）	劳动力投入	−0.0030	0.0020	−0.0051	0.0071***
	播种面积	0.0001	0.0002***	0.00007***	0.0001
	种子费	0.0002	0.0002***	0.0002	−0.0002
	农用薄膜费	0.0002	0.0004***	0.0004 7***	0.0001
	役畜和机械作业费	0.0005	0.0000***	0.0003**	0.0001*
	农药费	−0.0002	0.0001	−0.0001	−0.0001
	化肥费	0.0001	−0.0001	−0.0001	−0.0147***
	灌溉费	0.0003	0.0005	0.0003	0.0005
	雇工费	0.0001	0.0001	0.0001	0.0001
时间效应	年	Yes	Yes	Yes	Yes
地区效应	村级	Yes	Yes	Yes	Yes
	constent	0.8063***	0.5677***	0.5859***	0.5523***
	Pseudo R^2	0.2365	0.2111	0.2939	0.1777
	Prob>chi2	0.0000	0.0000	0.0000	0.0000

注：*、**和***分别表示变量在10%、5%和1%的统计水平上显著；"—"表示无估计系数。

表6-6　2008—2012年农村农业转型农户农业生产率影响因素的Tobit模型估计结果

变量		农业经营规模			技术采纳	
		大户	中户	小户	用良种	非良种
交通设施	硬化马路	0.0340**	0.0182**	−0.0166**	0.0123**	0.0035**
	公共汽车	0.0165	0.0379	0.0432	0.0347	0.0210
农技农资设施	农业推广站	0.0062***	0.0065**	0.0189	0.0092**	0.0166
	农资商店	0.0173	0.0227	0.0262	0.0158*	0.0086
社会经济活动设施	社会经济活动	0.0057***	0.0091**	0.0410	0.0277**	0.1032**
	农村信用社	0.0460	0.0302	0.0048	0.0104	0.0469
	农贸市场	0.0938	0.0284	0.0186	0.0234	0.1020
劳动力结构	性别	−0.1010**	−0.0320	−0.0446	−0.0536	0.0727
	年龄	−0.0034***	−0.0007	0.0007	−0.0006	−0.0006
农户职业	兼业程度	−0.0081***	−0.0003**	−0.0017**	−0.0013***	−0.0092**
	非农收入占比	−0.0421**	−0.0921**	−0.0049**	−0.0319**	−0.2018**
人力资本	教育程度	0.0027**	0.0056	0.0003	0.0005	0.0026
规模经营	耕种面积	0.0008***	0.0085	0.0008	0.0009**	0.0084
技术采纳	使用良种	0.0997***	0.0759**	0.0463**	—	—
农业高质量发展	耕地改良	0.3835**	0.0820**	0.0890**	0.1955**	0.21284**
	有机肥费用	0.0008**	0.0007	0.0007	0.0007	0.0006
投入指标（Input）	劳动力投入	0.0077	0.0100**	−0.0047**	0.0044	0.0303
	播种面积	0.0012**	0.0005	0.0004	0.0004	0.0004
	种子费	0.0004**	0.0001**	0.0002	0.0000	0.0044***
	农用薄膜费	0.0007**	0.0005**	0.0007	0.0001	0.0007
	役畜和机械作业费	0.0010***	0.0003**	0.0005	0.0000**	0.0006**
	农药费	0.0001**	0.0001	0.0001	0.0001	0.0001
	化肥费	0.0003**	0.0001**	−0.0008**	0.0000	−0.0001
	灌溉费	0.0005	0.0005	0.0002	0.0003	0.00064***
	雇工费	0.0012	0.0003	−0.0001**	0.0002	0.0001
时间效应	年	Yes	Yes	Yes	Yes	Yes
地区效应	村级	Yes	Yes	Yes	Yes	Yes

续表

变量		农业经营规模			技术采纳	
		大户	中户	小户	用良种	非良种
	constent	1.0776***	0.2760**	0.4773***	0.5414***	0.1808
	Pseudo R²	0.2110	0.3513	0.2474	0.1602	0.3966
	Prob＞chi2	0.0000	0.0000	0.0007	0.0000	0.0000

注：**、**和***分别表示变量在10%、5%和1%的统计水平上显著；"—"表示无估计系数。

表6-6 2008—2012年农村农业转型农户农业生产效率影响因素的Tobit模型估计结果

变量		高质量发展：耕地改良		高质量发展：有机肥施用	
		有	无	有	无
交通设施	硬化马路	0.0119**	0.1133**	0.0577**	0.0109**
	公共汽车	0.0221	0.2132	0.0464	0.0329
农技农资设施	农业推广站	0.0035***	0.3161**	0.1236***	0.0040**
	农资商店	0.0122	0.1380	0.0936**	0.0041**
社会经济活动设施	社会经济活动	0.0091***	0.0729*	0.0007	0.0047**
	农村信用社	0.0378	0.3554	0.1999	0.0207
	农贸市场	0.0463	0.0776	0.1765	0.0379
劳动力结构	性别	−0.0322**	−0.3524	0.0731	0.0406
	年龄	−0.0011**	0.0017***	−0.0018**	−0.0009**
农户职业	兼业程度	−0.0032**	0.0241**	−0.0040**	−0.0024**
	非农收入占比	−0.0794**	0.2163**	−0.1397***	0.0828
人力资本	教育程度	−0.0036**	0.0166	0.0089	0.0016
规模经营	耕种面积	0.0013***	0.0504	0.0069	0.0017
技术采纳	使用良种	−0.0864	0.0491***	0.1805**	0.0721**
农业高质量发展	耕地改良	—	—	0.0228*	0.1207
	有机肥费用	0.0009***	−0.0141***	0.0008***	0.0001***

续表

变量		高质量发展：耕地改良		高质量发展：有机肥施用	
		有	无	有	无
投入指标（Input）	劳动力投入	0.0034	0.0841***	0.0193**	0.0007
	播种面积	0.0002**	0.0001	0.0003	0.0002
	种子费	0.0003	−0.0016	−0.0003	0.0002
	农用薄膜费	0.0003**	0.0010**	0.0014	0.0002
	役畜和机械作业费	0.0001**	−0.0004**	0.0006	0.0001
	农药费	0.0001	0.0003	0.0007	0.0006
	化肥费	0.0002	−0.0001**	−0.0010**	−0.0002**
	灌溉费	0.0005**	−0.0005*	0.0002	0.0004
	雇工费	−0.0002	0.0001	−0.0001	0.0002
时间效应	年	Yes	Yes	Yes	Yes
地区效应	村级	Yes	Yes	Yes	Yes
	constent	0.4919***	0.1741	0.5616*	0.5531***
	Pseudo R^2	0.1987	0.5168	1.0951	0.1724
	Prob＞chi2	0.0000	0.0019	0.0012	0.0000

注：*、**和***分别表示变量在10%、5%和1%的统计水平上显著；"—"表示无估计系数。

从表6-4、表6-5和表6-6看出，通过对不同转型农户农业生产率影响因素实证结果比较，发现下列主要实证结论：

（1）在农户受教育水平方面。首先，教育对整个样本农户农业生产率没有影响，但是对青年劳动者，农业大户有显著的正向影响。这表明，农村转型下，提高青年农业劳动者和农业经营大户的教育水平，有利于提高农业生产率水平增长。

其次，使用良种、耕地改良和有机肥施用对教育程度高的农户农业生产率有显著影响，这也进一步表明，要推进农业技术进步和高质量发展，提高农户的教育水平有利于提高农户的农业生产率水平。

（2）在使用农业生产技术和农业机械化作业方面。农户家庭劳动力人数较少、中老年人劳动者，以及兼业农户的雇工费用对其农业生产率有显著的负向影响，但是役畜和机械作业费对农业生产率有显著的正向影响，这表明在农村劳动雇工工资上涨造成了农业生产成本增加，可以通过应用先进的农业机械化作业来提高农户的农业生产率水平。

（3）在农业生产劳动力投入方面。首先，农户家庭劳动力投入对中小规模经营农户农业生产率有显著的正向影响，但是对农业大户没有显著性影响；其次，雇用劳动力投入，雇工费用对农户家庭劳动力人数较少、中老年人劳动者，以及兼业农户的农业生产率有显著的负向影响。

（4）在农业技术采纳和高质量发展方面。农业技术推广、农村农业社会经济活动，以及有机肥施用、耕地改良和役畜和机械化作业费对青年劳动者、非兼业农户、教育水平高农户、非农收入占比低农户，以及规模经营的农业大户都有显著的正向影响。这表明，可以利用农业经营社会经济组织、采用农业技术、通过耕地改良和施用有机肥，以及采用先进的农业机械化作业等措施来提高农业生产率水平，重点应关注把青年农业劳动者、非兼业农户、教育水平高的农户、非农收入占比低农户，以及农业经营规模大的农户农业生产需求，以此来制定相应的农业发展服务政策，提高中国的农业生产率水平。

（5）在农用化肥施用方面。农业化肥施用对小规模农户、受教育程度小学及以下农户、中老年农户，以及兼业农户的农业生产率有显著的负向影响。这表明，这些农户在农业生产方面过度高投入了化肥，导致成本增加，对农业生产率产生负向影响。因此，要减少化肥投入的面源污染，同时提高农业生产率水平，在化肥施用培训教育和技术指导上，小规模农户、受教育程度小学及以下农户、中老年农户，以及兼业农户是重点关注的农户对象。

虽然，化肥对整体农户的农业生产率影响是负向的，但是对于农户经营大户，化肥有正向的农业生产率效应，这表明，扩大农户农业生产规模还能提高化肥的产出效应，有利于提高农业生产率。

6.6 单品种水稻农户农业生产率影响因素的实证分析

南方五省区市是水稻的主产区，为了考察农户在水稻生产投入产出方面的效率水平与生产效率是否有效率方面的影响因素，并与整个样本农户进行对比分析，来实证检验转型期整个样本农户农业生产率和单品种水稻生产率影响因素方面的差异。本节对水稻农户样本进行了Tobit模型和Logit模型实证检验。实证估计结果，如表6-7所示。本节控制了农户投入产出的影响，对回归估计模型进行了Hausman检验，检验结果拒绝了综合技术效率TE与村级区域和时间无关的原假设，因此，本节采取固定效应模型进行估计。

表6-7 2008—2012年水稻农户农业生产率影响因素的Tobit和Logit模型估计结果

被解释变量		水稻TE的Tobit模型估计		水稻XTE的logit模型估计	
核心变量		系数	t值	系数	z值
交通设施	硬化马路	0.0088	1.55	0.6127 *	1.71
	公共汽车	0.0021	1.51	0.3541	1.27
农技农资设施	农业推广站	0.0752***	2.97	0.5357 ***	3.38
	农资商店	0.0023	1.51	0.2014**	2.87
社会经济活动设施	社会经济活动	0.0774***	3.22	0.3011***	3.03
	农村信用社	0.0028	1.24	0.1325	1.51
	农贸市场	0.0032	1.38	0.2601	1.42
劳动力结构	性别	−0.0094	−0.975	−0.1571	−1.29
	年龄	−0.0034**	−1.98	−0.0088**	1.90
农户	兼业程度	−0.0203**	−2.05	−0.06587**	1.99

续表

被解释变量		水稻TE的Tobit模型估计		水稻XTE的logit模型估计	
核心变量		系数	t值	系数	z值
职业	非农收入占比	−0.1527***	−2.77	−0.4959***	2.69
人力资本	教育程度	0.0033	1.12	0.03021	0.98
规模经营	耕种面积	0.0108***	2.92	0.01971**	2.01
技术采纳	使用良种	0.0614***	3.12	0.7012***	2.99
农业高质量发展	耕地改良	0.0345***	3.78	1.2097**	2.16
	有机肥费用	0.0231**	1.99	0.7153**	2.33
控制变量					
投入指标（Input）	劳动力投入	0.0072	1.57	−0.0005	1.41
	播种面积	0.0062***	3.04	0.0302***	3.01
	种子费	0.1004***	3.12	0.0001**	2.54
	农用薄膜费	0.0154**	2.35	0.0002**	2.33
	役畜和机械作业费	0.0038***	2.87	0.0041***	2.99
	农药费	−0.0036**	2.16	−0.0005**	2.13
	化肥费	−0.0158**	−1.98	−0.0115**	−1.97
	灌溉费	0.0108	1.38	0.0012**	2.31
	雇工费	0.0087	0.39	0.0015	1.22
时间效应	年	Yes	Yes	Yes	Yes
地区效应	村级	Yes	Yes	Yes	Yes
	constent	0.6941**	2..62	−2.018**	−2.18
	Pseudo R^2	0.2151		0.2788	
	Prob＞chi2	0.0000		0.0000	

注：*** $p < 0.01$，** $p < 0.05$，*$p < 0.1$。No表示没有控制，Yes表示控制了时间和地区村级固定效应。

从表6-7可以看出：

（1）村庄农业技术推广站、农业社会经济组织及活动、播种面积、使用良种、耕地改良以及使用机械作业6个变量系数为正，而且通过1%的显著性水平检验，这表明农村转型变化的软环境中的农业推广站、农业社会经济组织及活动能显著地正向影响水稻生产率水平，同时农业发展的扩大播种面积的规模经营、采用技术进步的良种使用、农业机械化的使用、高质量发展的耕地改良都能显著提升农户水稻的生产率水平。

（2）农户的非农收入占比在1%的显著性水平下显著负向影响农户水稻生产率水平，这与整体样本结论一致，都说明农户主要收入来源于非农收入的农户显著地负向影响农业生产率的提高，这些农户的土地如果通过土地流转能降低这一负向影响的程度，从而提升中国农业生产率，促进中国农业经济增长。

（3）在整体样本中显著影响农业生产率的硬化马路、农贸市场、农资商店对水稻生产率没有显著影响，这表明畅通的村庄交通、市场环境和农资生产资料技术等对农户的水稻生产效率没有显著的作用，这可能是与南方农户水稻生产主要是为了自家口粮，不需要参与市场销售或通过便利的交通销往村外有关，从而导致去临近乡镇或县城的公共汽车和农贸市场等因素的作用不显著。

（4）水稻投入的农药、化肥对农业生产率的影响是负值，而且通过了5%显著水平的检验，这进一步表明，农户对水稻生产过度投入农药、化肥等生产资料，显著负向影响了农业生产率的增长。

6.7 本章小结

本章对农村转型变化对整个样本农户、不同转型农户，以及单品种水稻农户农业生产率水平影响因素进行了实证分析，得到了下列主要结论：

（1）对农村转型的农村社会硬环境转型变化方面：农村硬化马路交通设施显著地正向影响了农户农业生产率水平，而且对农业种植大户的正向影响更为显著；但是村庄有去临近乡镇或县城的公共汽车的作用不明显。

（2）对农村转型的农村社会软环境变化方面：村庄有农业技术推广站、农资商店和农村有农业社会经济组织及其活动对农户的农业生产率水平有显著的正影响，其中，农业社会经济组织及其活动对农业经营大户，青年农户、非兼业农户、非农收入占比低农户，以及受教育程度高的农户农业生产率水平有明显的正影响，而对农业经营小户、中老年农户、兼业农户、非农收入占比高农户，以及受教育程度低农户农业生产率的影响不显著。

但是，农村社会软环境中的村庄农村信用合作社，农村农贸市场对农户农业生产率的影响并不显著。这表明，对农业生产经营发展极其重要的农村金融和农村市场经济组织对农业生产率的发展没有起到显著的作用。

（3）农村转型的农户转型变化方面：劳动力结构性别变化对农户农业生产率的影响并不显著，这表明农业劳动力"女性化"没有显著地影响农业生产率水平增长；但是，劳动力年龄结构对农户农业生产率产生了显著的负向影响，中老年农业劳动力对农业社会经济组织及其活动、农业技术采纳、农业机械化作业、耕地改良、施用有机肥，以及农业经营大户等都有显著的负向影响，这表明，农业劳动力"老龄化"显著负向影响了农业生产率的增长。

（4）农户转型的兼业程度、非农收入占比等农户主要工作和收入来源的变化显著地负向影响了农户农业生产率水平。这表明，兼业高、非农业收入占比高的农户开展土地流转是有效提高农业生产率增长的有效途径。

（5）在农户人力资本受教育程度转型变化方面：教育对整个样本农户农业生产率没有影响，但是对青年劳动者，农业大户有显著的正向影响；而且，受教育程度高的农户农业生产率受到良种使用、耕地改良和有机肥施用等影响因素的显著正效应。这表明，提高青年农业劳动者和农业经营大户的教育水平，重点关注受教育程度高的农户的良种使用、耕地改良和有机肥施用等农业技术采纳和农业高质量发展，有利于农业生产率水平的增长。

（6）在农村转型中农业转型变化方面：首先，农户规模化经营对农业生产率有显著的正影响，农业经营大户在提高农药化肥使用效率、采用先进的良种和农业机械化作业、耕地改良、有机肥施用等方面有显著的正向影响；其次，促进农业经济增长的技术采纳的使用良种、农业高质量发展的施用有机肥和改良耕地都显著地正向影响农业生产率水平。

（7）在投入要素方面：播种面积、种子费用、农业薄膜费用、役畜和机械作业费用等都对农户农业生产率有显著性的正向影响，这表明农户扩大规模经营、使用良种、采用先进的农业技术和农业机械化能显著地提升农业生产率水平；但是，农药、化肥、雇工费的影响并不显著，然而化肥费用的影响已经出现了负向关系，这表明农药、化肥要素的过度投入不但增加了投入成本，而且对农业生产率水平起到了显著的负向影响。

第七章

中国农村转型健康资本对农户农业生产率影响的实证分析——基于超重肥胖的新证据

中国农村转型的农户人力资本转型突出的现象主要包括两大方面：一方面是当前农业生产农户的受教育程度普遍比较低；另一方面是超重肥胖导致的健康资本问题。

关于第一方面农户的教育程度普遍比较低的问题，第六章已实证检验表明，农户的教育程度对农户农业生产率虽然是正影响，但影响并不显著，这与当前农村农户的教育程度普遍偏低导致没有显著差异性的现实情况基本相符；但是教育程度对农业大户有显著的正影响。另一方面是健康资本问题，农村转型变化的农户超重肥胖是一个凸显的新现象，对农户的农业生产率是否会产生影响，是一个有待进一步研究的问题。

由于中国新农村生态家园富民工程项目的农户问卷调查数据没有关于农户体重身高等生理方面的统计数据，因此，本章主要利用中国综合社会调查（Chinese General Social Survey，简称CGSS）CGSS2013的农户样本数据进行实证检验。同时，为了考察超重农户和整个超重劳动者对其劳动收入影响差异性，本章对整个超重劳动者的工资收入和超重农户的农业生产收入进行了实证对照比较分析，来说明农户超重对其农业生产收入影响与其他超重劳动者的差异性，从而进一步论证农户超重对其农业劳动生产率产生的影响。

7.1　中国农村转型农户人力资本的新问题

健康资本是人力资本的重要组成部分。中国新型农村合作医疗保险对中国农村人力资本培育作用明显，能显著地增加其劳动时间，提高其农业劳动收入（李湘君等，2012；王翌秋、刘蕾，2016），这缓解了中国人口红利逐步消失、农村劳动力老龄化对中国农业的冲击。但是随着中国农村转型期农户生活逐步富裕，农户超重肥胖现象越来越凸显，超重肥胖引致慢性疾病导致的健康资本下降是农村转型期中国农村农户人力资本一个突出的新问题，将会对农户的农业生产率产生重要影响。

7.1.1　转型期农户超重肥胖现象凸显

Brunner E.J.，Chandola T.，Marmot M.G.（2007）研究发现，在经济迅速增长的国家超重和肥胖的患病率尤为突出。这种现象在我国已经开始凸显，如武阳丰等（2005）调查指出2002年我国18岁以上居民的超重率为17.6%，肥胖率为5.6%，比较1992年的调查数据已经大幅上升。

张一鸣、陈晓英等（2018）从2007—2008年、2011—2012年和2013—2014年对浙江省德清县农村成人超重肥胖进行了长期跟踪调查，发现超重率平均依次是22.23%，29.97%和28.18%，呈现明显的上升趋势。

同时还发现：随着中国经济高速增长，中国城市化、工业化和农业现代化的推进，转型期的农户，生活水平不断提高，膳食结构和生活习惯发生了改变，超重与肥胖人群不断扩大；在经济欠发达、生活水平相对低的农村地区，也出现了肥胖和与膳食相关的慢性病的上升。

陈晓荣、白雅敏、高荣涛等（2012）通过农村调查研究发现，农忙时间较短、机械化作业劳动强度低、业余时间很少锻炼身体，使得农民职业性的能量消耗减少，而且随着生活水平的提高，脂肪摄入量过高，以及蔬果摄入量减少或者不足，这是导致农村成人农户慢性疾病风险增加的重要原因；

另外，陈晓荣、白雅敏、高荣涛等（2012）还发现，农村居民对健康膳食和身体活动均存在着误区，大鱼大肉、酗酒、抽烟是很普遍的现象，这导致了转型期农户超重和肥胖水平的快速增长，并增加了患上相关慢性病的风险。因此，农户超重肥胖所导致的问题是农业生产率研究必须重视的一个新问题。

7.1.2　农户超重肥胖对农户农业生产率产生的影响

超重肥胖是发达国家研究比较早的一个领域。国外研究表明肥胖不但导致慢性疾病，影响劳动生产率和劳动收入，而且，会产生一系列的社会问题，如情绪忧郁等心理失调问题，以及在上学、就业等方面遭受社会歧视问题。

马丁对发达国家以及发展中国家人口结构、健康问题和Feyrer（2007）对德国人口老龄化及其健康对全要素生产率的影响进行了研究，发现人口结构及其健康资本对全要素生产率产生重要影响：这对公共卫生干预和公共政策制定影响深远。

在中国，研究相对较晚，而且大部分集中在对我国超重及肥胖人群的特征及形成因素分析上。

现有文献大量表明，健康人力资本可以促进劳动，提高劳动效率，减少劳动退出。而有慢性疾病，对劳动将产生负影响，Zhang et al.（2009）使用澳大利亚 18—65 岁成年人口的调查数据研究得出结论，认为劳动适龄人口患有慢性病对其劳动参与具有负向影响。杨志海等（2015）使用慢性病和急性病指标研究发现，这两种健康冲击均会减少农村老年人的劳动时间。

近年来，肥胖超重对人生产劳动的影响，成为中国的研究热点。如：超重肥胖导致人力资本问题是因为超重肥胖导致了慢性病高发；从而影响其农业生产劳动时间和劳动强度，显著减低其农业生产劳动的有效性，降低其劳动收入，影响其劳动生产率（李湘君等，2012；王翌秋、刘蕾，2016），对其农业生产率产生负向影响。

综上可知，农户劳动力的健康人力资本下降会显著地降低农户农业生产收入。但是，现有文献鲜有通过实证分析，来检验农村转型期的农户超重肥胖是否显著影响了农户农业生产率导致其农业生产收入下降。这个问题的解决，对于农村转型期农村人力资本培育，应对人口老龄化和农村"人口红利"渐失，提高农户农业生产率至关重要，对于国家制定农户营养健康管理和农村公共卫生干预政策具有重要的现实意义。

因此，本章利用2013年CGSS2013数据，把劳动者体重指数BMI>25定义为超重，为处理组，BMI≤25定义为非超重，为对照组，运用倾向得分匹配法对我国劳动者和农户超重是否对其劳动工资收入产生显著影响进行因果关系的实证检验，来考察超重肥胖农户相对于非超重肥胖农户对其农业生产率是否产生了显著影响。

7.2　倾向得分匹配法（PSM）模型构建

本章首先运用OLS回归对劳动者的劳动收入进行初步回归分析。在此基础上，为了避免OLS回归估值产生的内生性问题，通过采取倾向得分匹配模型（PSM）来估计超重肥胖对农户农业生产收入产生的影响效应，从而避免内生性估计有偏差的问题，获得较为稳健的估计结果。

倾向得分匹配法最早由Rosenbaum和Rubin提出，是根据个体行为选择的倾向得分通过加权，把对照组和处理组匹配起来，是克服内生性偏差的方法之一。该方法的基本思路就是通过构建反事实框架形成一个近似的"随机干预试验"，这样在估计处理组和对照组的差异时就可以消除由未可观察特征导致的显性偏差和自选择内生性偏差。倾向得分匹配法的具体操作：第一步是计算个体具有潜在超重的倾向得分，比较常用的方法是使用logistic回归来计算倾向得分；第二步是按照第一步计算得到的倾向得分对处理组和对照组进行匹配，匹配的方法有很多，本章采用常用的最小近邻匹配、半径匹配、内核匹配、分层匹配等；第三步是对匹配好的超重和未超重人群进行估算处理，得出工资的平均效应。

因此，本章需从未超重者中找到与超重者相同特征的个体进行匹配。第一，通过Logit模型估计出样本超重者和未超重者的存在超重的可能性分值，即倾向性分值；第二，通过倾向性分值对未超重样本组与超重样本组进行匹配；第三，估算出匹配好的配对样本的平均处理效应ATT（Average Treatment Effect on the Treated），即超重者相对未超重者的平均工资差异。其中：

$$ATT= E[lninc_{i1} \mid overweight=1，P（i）]-E[lninc_{i0} \mid overweight=1，P（i）]$$

上式中，overweight=1，表示超重，overweight=0则表示未超重；$lninc_{i1}$表示第i个超重者的现在的生产收入；$lninc_{i0}$表示第i个未超重者现在的生产收入；P（i）表示超重倾向得分值，即由Logit模型估计出来超重的概率。但是超重者i假如未超重情况下的收入$E[lninc_{i0} \mid overweight=1，P（i）]$是不可观察的，那么可以由其相匹配的未超重者现在的收入来近似替代，即可以用$E[lninc_{i0} \mid overweight=0，P（i）]$来代替$E[lninc_{i0} \mid overweight=1，P（i）]$。因此，超重的工资平均处理效应（ATT）为公式（7-1）：

$$ATT= E[lninc_{i1} \mid overweight=1，P（i）]-E[lninc_{i0} \mid overweight=1，P（i）]$$

$$= E[lninc_{i1} \mid overweight=1，P（i）]-E[lninc_{i0} \mid overweight=0，P（i）]$$

$$= \frac{1}{N^T}[\sum_{i\in(overweight=1)} \ln inc_{i1} - \sum_{i\in(overweight=0)} w(p_i,p_j)\ln inc_{j0}] \qquad （7-1）$$

公式（7-1）中，N^T为超重者个数；w（p_i，p_j）是赋予的权重，是未超重者j的现在工资收入$lninc_{j0}$代替超重者i假如没有超重现在工资收入

lninc_{i0}时，对未超重者j现在工资收入$lninc_{j0}$赋予的权重，是超重者倾向性分值P_i和未超重者倾向性分值P_j的函数。根据不同匹配方法有不同的权重确定方法。本章根据Gilligan and Hoddinott（2006）的研究文献确定权重w（p_i，p_j）为公式（7-2）：

$$w(p_i,p_j) = K(\frac{pi - pj}{h}) / \sum_{j \in overweight=0} K(\frac{p_i - p_j}{h}) \qquad （7-2）$$

公式（7-2）中，K（·）服从高斯正态分布函数；h 为窗宽参数。本章根据文献选择影响个体超重的变量：性别、学历、年龄、正式工作、户籍和政治面貌6项变量来作为匹配的协变量。

7.3 变量说明及样本数据描述

本章数据来自中国人民大学社会学系和香港科技大学社会科学部共同主持的中国综合社会调查，选择的是2015年1月1日公开的最新数据CGSS2013，该数据由作者通过向主持机构注册申请，网站下载获得。本章使用的主要变量说明及数据的统计性描述如下：

7.3.1 变量说明

本章主要考察劳动者超重是否对其工资收入有显著影响，因此，关键变量为超重和工资收入，农户的收入是指农业生产收入，即主要从事农业生产产出的收入。

（1）关键变量：超重

在本章中，采用国际上通用的体重指数BMI（Body Mass Index）来界定超重。BMI指数值等于体重（kg）除以身高的平方（m²）。BMI指数是目前国际上常用的衡量人体胖瘦程度以及是否健康的一个标准。当需要比较分析个体体重对不同身高的人所带来的健康影响时，BMI值是一个中立而可靠的指标。根据国际通用标准：当成人BMI数值低于18.5时，体重过轻；BMI值为20—25时，体重适中；BMI值为25—30时为超重；BMI值为30—35时为肥胖；高于35为非常肥胖。据此，本章定义BMI大于25时为超重，BMI小于或等于25时为非超重。

（2）被解释变量：工资收入和农业生产收入

本章分别收集了整个样本的劳动者工资收入和农户样本的农业生产产出收入。其中：农户样本主要是指目前务农的农户样本，主要包括目前务农、曾经有过非农工作和目前务农、没有过非农工作两类。劳动者的工资收入主要是指所在岗位的工资收入或从事劳动所得的报酬，不包括财产性收入、其他转入收入及捐赠、投资、资产变卖等收入；农户的农业生产收入主要是农户主要务农所获得的农业收入，即问卷样本中目前务农农户的生产收入。

（3）控制变量

根据前文中的相关文献综述，本章除了关键变量超重对被解释变量工资收入有影响外，同时还有其他多种因素影响个体的工资收入，因此将这些变量设定为计量模型的控制变量。根据对工资收入影响的程度及样本的调查数据，本章借鉴胡安宁（2012）在研究中国城市居民大学教育的收入回报中的变量构建，并根据数据的样本变量选择了影响工资收入的6个关键性的控制变量：教育、户口、是否为正式工作、性别、年龄和政治身份。整个样本和农户样本的变量说明和定义，如下表7-1所示。

表7-1 倾向得分匹配法（PSM）模型的变量说明与定义

变量名		变量类型	变量定义
被解释变量	工资收入 农业生产收入	连续变量	岗位工资收入或劳动报酬所得，只包括职业内收入；农户农业生产的产出收入即农业生产收入

变量名		变量类型	变量定义
关键变量	超重	虚拟变量	超重（ＢＭＩ＞２５）＝１，非超重（BMI≤25）=0
控制变量	教育	虚拟变量	整个样本：大专以上（包括大专）=1，大专以下=0 农户样本：高中及以上=1，高中以下=0
	户口	虚拟变量	农业户口=1，非农业户口=0
	正式工作	虚拟变量	整个样本：正式工作=1，非正式工作=0 农户样本：农业收入=1，非农业收入=0
	性别	虚拟变量	男=1，女=0
	年龄	连续变量	实际年龄数
	政治面貌	虚拟变量	中共党员=1，非中共党员=0

7.3.2　样本数据描述

（1）样本处理与数据描述性统计

在CGSS2013的11438个样本中，本章剔除了关键变量及控制变量的拒绝回答、不适用、缺失值，以及工资收入过低的异常值，尚未参加劳动没有工资收入的年轻人，以及不继续工作获得工资收入年龄超过60岁的老年人等，最终得到有效样本为4334人。整个样本变量的描述性统计如表7-2。从统计分析可看出，有效样本中平均工资收入为36124.89元，BMI平均值为23.98，平均年龄为37.86岁，男性占比为60.98%，学历主要位于大专以下，大专及以上学历仅占总样本比例的30.71%。BMI大于25的被调查者比例是23.98%，比武阳丰2005年调查所得的超重和肥胖比例23.2%要高。

表7-2 2013年整个样本劳动者变量的描述性统计

变量	类别	平均值	频率（%）	变量	类别	平均值	频率（%）
性别	男	0.61	60.98	户口	农业户口	0.42	41.67
	女		39.02		非农业户口		58.33
政治面貌	中共党员	0.14	13.54	教育	大专及以上学历	0.31	30.71
	非中共党员		86.46		大专以下学历		69.29
年龄	18—24.5	37.86	11.38	工资年收入（元）	6993—24000	36124.89	32.58
	25—31.5		18.57		24001—48000		29.05
	32—38.5		23.14		48001—72000		22.69
	39—47.5		26.97		72001—108000		10.52
	48—54.5		13.80		108002—14400		3.38
	55—60		6.14		144001以上		0.41
体重指数	BMI>25	23.98	23.98	是否正式工作	是	0.91	91.12
	BMI≤25		76.02		否		8.88

数据来源：中国综合社会调查CGSS2013。

从农户样本看，样本数据的农业户口人员1806人，占总劳动者的41.67%，农户家庭平均农业收入为7152.41元，BMI平均值为24.77，平均年龄为45.32岁，男性占比为30.23%，高中以上学历仅占总样本比例的18.58%，BMI大于25的被调查者比例是24.77%。这表明，在农村从事农业生产的主要是妇女（占69.77%）和中老年（平均年45.32岁）人，文化程度偏低。农户样本变量的描述性统计如表7-3所示。

表7-3 2013年农户样本变量的描述性统计

变量	类别	平均值	频率（%）	变量	类别	平均值	频率（%）
性别	男	0.30	30.23	户口	农业户口	—	100
	女		69.77		非农业户口		0

变量	类别	平均值	频率（%）	变量	类别	平均值	频率（%）
政治面貌	中共党员	0.01	1.04	教育	高中及以上	0.19	18.58
	非中共党员		98.96		大专以下学历		81.42
年龄	18–24.5	45.32	11.38	农业生产年收入（元）	1000–2500	7152.41	32.58
	25–31.5		18.57		2501–5000		29.05
	32–38.5		23.14		5001–10000		22.69
	39–47.5		26.97		10001–20000		10.52
	48–54.5		13.80		20001–50000		3.38
	55–60		6.14		50000以上		0.41
体重指数	BMI>25	24.77	24.77	是否主要是农业收入	是	0.89	89.17
	BMI≤25		75.23		否		10.83

数据来源：中国综合社会调查CGSS2013。

（2）不同工资收入的超重分布

不同工资收入的超重者所占百分比数值差别并不大，但超重比例从低收入者到高收入者的分布有明显的递减趋势。其中，从整个样本来看：劳动者工资收入位于最下位20%的人中，超重比例为34.26%；次下位的占22.81%，中间位的占22.31%；次上位的占21.47%，最上位的占16.98%。

从农户样本中农业生产的产出收入来看：农户的农业生产收入位于最下位20%的人中，超重比例为34.26%；次下位的占22.81%，中间位的占22.31%；次上位的占21.47%，最上位的20%的占16.98%。

但是超重是否对其工资收入产生了显著影响，难以从图7-1的定性趋势中得出结论，需要进一步进行实证检验。

7.4　实证结果分析

7.4.1　OLS回归实证分析

为了消除回归模型中样本的异方差问题，本章首先对被解释变量整体劳动者工资收入（inc）和农户的农业收入取对数（lninc和lnNinc），然后根据影响工资收入的解释变量体重指数，控制变量性别、教育、年龄、户口、是否正式工作、政治面貌，分别对整体劳动者样本和农户样本进行了回归模型分析，回归估计结果如表7-4所示。

从表7-4可以看出，整体劳动者样本回归模型是模型（1）和（2）。模型（1）是一般OLS模型估计结果，模型（2）通过对超重（overweight）聚类进行稳健标准差回归估计结果。从表7-4整体样本回归估计结果可以看出，超重对劳动者工资收入没有产生显著的影响。但工资收入（lninc）的回归系数相对稳定，为-0.042和-0.044，即超重导致工资收入（inc）下降了4.2%—4.4%，如果按样本劳动者年平均收入36124.89元计算，劳动者超重比未超重年工资收入（inc）少1517.25—1589.50元，如果年收入10万元，则少收入4200—4400元。通过对超重（overweight）聚类进行稳健标准差回归估计，如模型（2）估计结果，超重对工资收入的影响仍未通过显著性检验。但是，性别、年龄、教育、是否正式工作及户口都对工资收入存在显著影响且系数符号符合预期，但是中共党员的身份对工资收入的影响不显著。

农户样本的回归模型估计结果为回归模型（3）和（4）。同样，模型（3）是一般OLS模型估计结果，模型（4）通过对超重（overweight）聚类进行稳健标准差回归估计结果。从模型（3）和（4）的估计结果看虽然农户的超重对农户的农业生产收入影响估计系数符合预期，但是都没有通过显著性检验。

表7-4 劳动工资收入的OLS回归模型估计结果

变量	（1） 整个劳动者 lninc	（2） 整个劳动者lninc （cluster overweight）	（3） 农户 lnNinc	（4） 农户 lnNinc （cluster overweight）
超重 （overweight）	−0.042	−0.044	−0.067	−0.073
	（0.062）	（0.029）	（0.053）	（0.052）
性别（gender）	0.167***	0.167***	0.236**	0.237**
	（0.054）	（0.053）	（0.095）	（0.097）
年龄（age）	−0.006***	−0.006***	−0.009	−0.009
	（0.002）	（0.001）	（0.003）	（0.043）
教育（edu）	0.483***	0.483***	0.602	0.603
	（0.067）	（0.014）	（0.451）	（0.450）
正式工作/农业 生产 （fullstaff）	0.237***	0.238***	0.466	0466
	（0.042）	（0.018）	（0.359）	（0.348）
户口（hukou）	−0.134**	−0.123***	−0.109	−0.112
	（0.059）	（0.045）	（0.149）	（0.144）
政治面貌 （poliid）	0.059	0.059	0.043	0.043
	（0.081）	（0.068）	（0.097）	（0.089）
Constant	10.717***	10.717***	9.937***	9.939***
	（0.155）	（0.063）	（0.238）	（0229）
Observations	4334	4334	1806	1806
R-squared	0.027	0.027	0.042	0.042

注释：*** $p < 0.01$，** $p < 0.05$，* $p < 0.1$，括号内数值为标准误。

7.4.2 倾向得分匹配法实证分析

（1）超重工资效应的ATT估计结果

劳动者超重对劳动生产工资收入的影响可能存在内生性问题，导致了估计结果的不显著。因此，估计超重者的工资效应需要考虑估计模型的内生性问题。第一，超重可能与超重者自身和家庭的某些特征及成长环境的社会经济状况有关，超重者因为家庭社会关系背景好可能有较高的收入；

第二，工资收入高的劳动者营养丰富容易导致超重。因此，超重影响工资收入，工资收入反过来也影响体重。因此，超重的工资效应存在内生性问题。回归模型存在内生性问题的情况下，如果将超重作为独立变量直接纳入回归方程，运用OLS来估计其对工资收入的影响就会导致估计结果有偏和不一致，需要通过一定的方法对内生性偏差进行处理。解决内生问题的常用方法是寻找一组假定工具变量，这样就能够保证方程的严格外生性。

但目前学术界仍未找到一组和超重指数有关但与工资收入无关的工具变量。为了解决此内生性问题，如果能够估计出超重者在没有超重情况下的工资收入，即反事实，那么用超重者的工资收入减去超重者在没有超重情况下的工资收入就能证明超重对工资收入影响的因果关系。但实际上对于一个超重者不可能同时观察到超重和未超重时的工资收入，所以准确地估计出超重者与其如果在没有超重的情况下工资的差异是很困难的。因此，本章的核心思想是通过构造一个与超重者各种特征相匹配的未超重者来作为超重者假如没有超重时的替代者，作为超重者的对照组来测算他们的工资收入是否有显著的差异性，从而估计出超重的工资效应。这就是典型的构造反事实的因果推断分析方法，找到超重者特征相匹配的方法就是倾向得分匹配法。

本章运用stata12.1软件，通过Logit模型估计出样本超重的可能性倾向分值，并通过共同支撑区间平衡性检验，用四种匹配方法将处理组的样本与对照组配对，找到与超重者除超重以外其他指标近乎一致的对照组，消除内生性问题，估计出超重的平均工资效应ATT值，整体劳动者样本估计结果如表7-5所示。

表7-5　基于倾向得分匹配法（PSM）的整个劳动者ATT估计结果

匹配变量	匹配方法	处理组样本数	对照组样本数	处理组的平均处理效应（ATT）	t值
gender age edu fullstaff poliid hukou	最小近邻匹配法	1017	2645	−0.040*	−1.664
	分层匹配法	1017	2645	−0.054*	−1.752
	半径匹配法	1017	2645	−0.054*	−1.871
	内核匹配法	1017	2645	−0.054*	−1.682
gender age edu fullstaff hukou	最小近邻匹配法	1017	2831	−0.050*	−1.766
	分层匹配法	1017	2831	−0.050*	−1.768
	半径匹配法	1017	2831	−0.044*	−1.823
	内核匹配法	1017	2831	−0.047*	−1.772

注释：*** $p < 0.01$，** $p < 0.05$，* $p < 0.1$。

从表7-5上部分可以看出，通过最小邻近匹配法估计，劳动者超重的工资收入（lninc）效应ATT的结果为−0.040，通过分层匹配法、半径匹配法及内核匹配法估计的ATT的结果−0.054，即表明超重者工资收入（inc）比其未超重时下降了4.0%—5.4%，这与理论和预期一致，即超重对其工资收入产生了负效应，而且系数都在10%的显著性水平下通过了显著性检验。本章对估计结果进行稳健性检验，剔除了在回归分析中不显著的变量政治面貌（poliid）后，再次运用四种匹配方法进行估计，结果如表7-5的下半部分所示。ATT分别为−0.050、−0.050、−0.044和−0.047，估计系数数值大小相近，符合预期，说明模型参数估计结果较为稳定。

从估计结果表7-5检验来看，ATT估计结果通过了10%水平下的显著性检验，这说明，匹配法估计消除了最小二乘法OLS估计模型的显性偏差和内生性偏差问题，使超重对工资收入影响的"净效应"估计出来了。这表明，我国劳动者超重对其生产收入已经产生了显著的负面影响。

对农户样本的估计结果，如表7-6所示。从表7-6可以看出，四种匹配方法对农户超重对其农业生产收入的影响估计都通过了显著性检验。

这表明，农户样本在匹配法估计下消除了最小二乘法OLS估计模型的显性偏差和内生性偏差问题，使其影响的"净效应"估计出来，ATT分别为 –0.076、–0.072、–0.071、–0.071、–0.079、–0.069、–0.069和–0.080，估计系数数值大小相近，符合预期，这表明超重肥胖农户对其劳动生产率产生了显著的负向影响，显著降低了超重肥胖农户农业生产收入。

表7-6　基于倾向得分匹配法（PSM）的农户ATT估计结果

匹配变量	匹配方法	处理组样本数	对照组样本数	处理组的平均处理效应（ATT）	t值
gender age edu fullstaff poliid hukou	最小近邻匹配法	528	1093	–0.076***	–2.814
	分层匹配法	528	1093	–0.072***	–2.795
	半径匹配法	528	1093	–0.071**	–1.961
	内核匹配法	528	1093	–0.071***	–2.882
gender age edu fullstaff hukou	最小近邻匹配法	528	1093	–0.079***	–2.843
	分层匹配法	528	1093	–0.069***	–2.797
	半径匹配法	528	1093	–0.069**	–1.952
	内核匹配法	528	1093	–0.080***	–2.893

注释：*** $p < 0.01$，** $p < 0.05$，* $p < 0.1$。

（2）男女超重工资效应的ATT估计结果

性别对劳动生产收入是否有差异，由表7-7回归估计检验结果可看出，性别对工资收入的影响非常显著。那么，男女超重在生产收入影响方面是否存在显著的差异呢？因此，为了考察男女超重对工资收入影响方面的差异，本章对男女性别进行了分组，分别进行了回归和倾向得分匹配法估计，估计结果如表7-7和表7-8所示。

表7-7　基于男女分组的劳动者工资收入OLS回归估计结果

变量	（1） Lninc（女）	（2） LnNinc（女，农户）	（3） Lninc（男）	（4） lnNinc（男，农户）
超重 （overweight）	–0.073**	–0.187***	–0.065	–0.154**
	（0.038）	（0.039）	（0.049）	（0.081）

续表

变量	（1） Lninc（女）	（2） LnNinc（女，农户）	（3） Lninc（男）	（4） lnNinc（男，农户）
年龄（age）	−0.017***	−0.047***	−0.015**	−0.048**
	（0.002）	（0.012）	（0.002）	（0.022）
教育（edu）	0.339***	0.047	0.379***	0.078
	（0.056）	（0.062）	（0.059）	（0.071）
正式工作/农业生产（fullstaff）	0.253***	0.312	0.264***	0.356
	（0.079）	（0.273）	（0.075）	（0.288）
户口（hukou）	−0.133***	−0.034	−0.149***	−0.029
	（0.051）	（0.041）	（0.056）	（0.050）
Constant	10.540***	9..673***	10.952***	10.176***
	（0.290）	（0.344）	（0.177）	（0.298）
Observations	1691	1260	2643	546
R-squared	0.0286	0.0352	0.0243	0.0301

注释：*** $p < 0.01$，** $p < 0.05$，* $p < 0.1$，括号内数值为标准误。

表7-8 基于倾向得分匹配法（PSM）的男女整个和农户样本ATT估计结果

性别	匹配变量	匹配方法	整个劳动者样本处理效应（ATT）	t值	农户样本处理效应（ATT）	t值
女	Age edu fullstaff hukou	最小近邻匹配法	−0.098**	−2.144	−0.126***	−3.097
		分层匹配法	−0.078**	−2.401	−0.127**	−3.097
		半径匹配法	−0.104***	−2.687	−0.128***	−3.102
		内核匹配法	−0.098**	−2.329	−0.126**	−3.106
男	Age edu fullstaff hukou	最小近邻匹配法	−0.068	−1.156	−0.104***	−2.903
		分层匹配法	−0.068	−1.273	−0.098***	−2.905
		半径匹配法	−0.081	−1.489	−0.103***	−2.837
		内核匹配法	−0.069	−1.351	−0.103***	−2.830

注：*** $p < 0.01$，** $p < 0.05$，* $p < 0.1$。

从整个劳动者样本来看，由表7-7和表7-8的估计结果可知：女性超重对劳动工资收入有显著的负向影响；但是男性超重对劳动工资收入影响不显著。从表7-8可知，超重女性比未超重时劳动工资收入下降最多的是半径匹配法估计的lninc系数，为-0.104，即工资收入（inc）下降了10.4%。样本平均年收入36124.89元，超重女性比未超重时工资收入（inc）少3756.99元，如果是10万元年收入，则少收入10400元，这个差别非常显著。分层匹配法估计的lninc系数下降最小，是-0.078，即工资收入水平下降了7.8%。这一结论这也与中国的实际情况和预期相符。

从农户样本来看，由表7-7和表7-8的估计结果可知：农户男性和女性超重对其农业生产收入（Ninc）的影响在OLS回归模型和倾向得分匹配法（PSM）模型估计中系数都为负数，通过了显著性检验，女性和男性农业生产收入（Ninc）分别最大下降12.8%和10.3%。这表明，男性和女性超重都显著地影响了其农业劳动生产率，负向显著地影响了其农业生产收入。以上结果分析表明：农村转型期从整个劳动者样本看，男性超重对其工资收入产生的负面效应不显著，但是女性超重对劳动工资收入产生了显著的负向影响；从农户样本看，男性和女性超重都对其农业生产收入产生了显著的负影响。这表明，农户劳动者超重肥胖对其农业劳动生产率产生了显著的负向影响。

7.5 本章小结

本章基于CGSS2013的微观数据，运用OLS回归和倾向得分匹配法（PSM）相结合的方法，从整个劳动者样本和农户样本实证估计了中国农村转型期劳动者超重对其劳动工资收入的影响，实证分析表明：

（1）从整个劳动者看：男性劳动者超重对其劳动收入产生了负向影响，但不显著；女性劳动者超重对其劳动收入产生了显著的负向影响，这表明对其劳动生产率产生了显著的负向影响。

（2）从农户农业生产者看：女性和男性农户超重肥胖对其农业生产收入都产生了显著的负向影响，这表明农户的超重肥胖已经显著地负向影响了其农业劳动生产率。这充分表明，中国农村转型期的农户由于农业生产、生活，以及饮食习惯改变导致的超重肥胖，已经影响了农户人力资本的健康资本，显著地负向影响了农户的农业生产率。

第八章

中国农村转型农户农业生产率增长源泉与瓶颈分析

本章利用Malmquist指数对农户农业生产全要素生产率增长变化进行估计和结构分解，来考察农户农业生产率增长源泉和瓶颈因素。同时，由于水稻作为南方五省区市农户最主要的口粮农作物，真实地反映了农户农业生产投入产出行为。因此，本章最后一节通过与单品种水稻样本的对比分析，来考察农户农业生产率增长变化及其分解变量在单品种作物水稻生产方面是否具有差异性。

8.1 Malmquist指数模型构建

CRS和VRS模型是DEA测量生产率水平的静态分析，难以反映农户农业生产率水平的动态变化，Malmquist指数是以DEA为基础的动态模型，因而可以用来分析农户农业全要素生产率TFP（Total Factor Productivity）的动态变化特征。Malmquist指数是由Sten Malmquist（1953）提出来的，利用径向距离函数的比率来测算生产率，距离越近越可能接近生产可能性边界。Malmquist指数测算出的TFP动态变化可分解为技术效率TE和技术进步TC（Technological Change），在规模报酬可变的条件下，技术效率TE可以进一步分解为纯技术效率PTE和规模效率SE，即TFP=TE×TC

=PTE×SE×TC，可以构建来分析农户农业生产全要素生产率TFP的贡献来源及提升的有效途径。

$$M_n(t,t+1) = TFP = \frac{D_{oCRS}^{t+1}(x^{t+1},y^{t+1})}{D_{oCRS}^{t}(x^t,y^t)} \times \left[\frac{D_{oCRS}^{t}(x^{t+1},y^{t+1})}{D_{oCRS}^{t+1}(x^{t+1},y^{t+1})} \times \frac{D_{oCRS}^{t}(x^t,y^t)}{D_{oCRS}^{t+1}(x^t,y^t)} \right]^{\frac{1}{2}}$$

（8-1）

其中，$TE = \dfrac{D_{oCRS}^{t+1}(x^{t+1},y^{t+1})}{D_{oCRS}^{t}(x^t,y^t)}$，$TC = \left[\dfrac{D_{oCRS}^{t}(x^{t+1},y^{t+1})}{D_{oCRS}^{t+1}(x^{t+1},y^{t+1})} \times \dfrac{D_{oCRS}^{t}(x^t,y^t)}{D_{oCRS}^{t+1}(x^t,y^t)} \right]^{\frac{1}{2}}$

$PTE = \dfrac{D_{oCRS}^{t+1}(x^{t+1},y^{t+1})}{D_{oVRS}^{t}(x^t,y^t)}$，$SE = \dfrac{D_{oCRS}^{t+1}(x^{t+1},y^{t+1}) / D_{oCRS}^{t+1}(x^{t+1},y^{t+1})}{D_{oCRS}^{t}(x^t,y^t) / D_{oVRS}^{t}(x^t,y^t)}$

故有：$M_n(t,t+1) = TFP = TE \times TC = PTE \times SE \times TC$

以农户为农业生产投入产出的决策单元，设第n户农户农业生产投入向量为x，产出向量为y，在t和t+1时期规模报酬不变下基于产出的距离函数分别为$D_{oCRS}^{t}(x_n^t, y_n^t)$和$D_{oCRS}^{t+1}(x_n^{t+1}, y_n^{t+1})$，在规模报酬可变下分别为$D_{oVRS}^{t}(x_n^t, y_n^t)$和$D_{oVRS}^{t+1}(x_n^{t+1}, y_n^{t+1})$。在规模报酬可变情况下，第n户农户农业生产从t到t+1时期的Malmquist生产率指数$M_n(t, t+1)$为公式（8-1）。

8.2 数据来源、指标选取及定义

本章选用的数据仍是世界银行贷款中国新农村生态家园富民工程项目的农户问卷调查数据，同本书第五章测量农户农业生产率水平一样，数据处理后，最终获得4972个有效的农户样本数据。

投入产出变量的选择与定义，同本书第五章的理论一样。农业生产投入产出指标变量及其定义，具体见表5-1；整个样本农户投入产出的描述性统计，具体见表5-2。

8.3　整个样本农户农业生产率增长源泉与瓶颈分析

本章选取运用DEA-Malmquist指数模型，对2008—2012年整个农户样本农户的农业生产率变化及其分解进行了测算。测算结果，如表8-1所示。

表8-1　2008—2012年整个样本农户农业生产率Malmquist指数及分解

农户类型		技术效率变化	技术进步变化	纯技术效率变化	规模效率变化	Malmquist指数（TFP变化）
		TE=PE×SE	TC	PE	SE	TFP=TE×TC
整个样本	2008年	1.000	1.000	1.000	1.000	1.000
	2008—2010年	1.039	1.012	0.979	1.062	1.052
	2010—2012年	1.018	1.030	1.003	1.015	1.049
	平均值	1.029	1.021	0.991	1.039	1.051
	要素贡献率	36.25%	26.25%	−11.25%	48.75%	—

数据来源：世界银行贷款中国新农村生态家园富民工程项目调查数据。

从表8-1可见整个样本农户的农业全要素生产率的变化情况：

（1）从增长的平均水平来看：农户农业全要素生产率变化指数以2008年为比较的基期，2008—2010年Malmquist指数变化为5.2%，说明2008年到2010年农户农业全要素生产率年平均增长水平为5.2%；2010—2012年Malmquist指数变化为4.9%，则2010年到2012年农户农业全要素生产率年平均增长为4.9%。2008—2012年平均增长为5.1%；这表明，农村转型期农户农业全要素生产率的平均增长水平还是处于比较低的增长状态。

（2）从农户农业全要素生产率增长的贡献率来看：农户的规模效率变化对农业全要素生产率变化的贡献率为48.75%，其次是技术进步变化带来的贡献率为26.25%，而纯技术效率变化的平均贡献率为−11.25%。这表明，农户农业生产率水平增长首先来源于转型期的农业经营规模扩大的规模效率，其次来源于技术进步变化带来的生产率增长，而纯技术效率成了农业生产率增长的瓶颈，这表明转型期的农户在农业技术认知、采纳、推广的利用率，农业生产经营管理，以及农业劳动者综合素质上可能出现了导致纯技术效率负增长的问题，因此，农业技术进步和农业先进的生产管理经验对农户农业生产率增长的促进作用，不仅取决于农业技术进步和经营管理本身，而且取决于使用农业技术和生产管理经验农户的需求、意愿和能力，只有农户真正提高了农业生产技术的利用率和农业生产管理的水平，才能真正突破农业生产率增长的瓶颈。

8.4 不同转型农户农业生产率增长源泉与瓶颈分析

为了探讨不同转型农户农业生产增长变化的源泉和瓶颈的差异性，本章对不同转型农户的农业全要素生产率指数变化及其分解进行了测算及比较分析。

8.4.1 农村社会转型农户农业生产率增长源泉与瓶颈分析

根据农村社会转型农户的变化，运用DEA-Malmquist指数模型，对2008—2012年农村社会转型农户的农业全要素生产率Malmquist指数变化及其分解进行了测算比较。测算具体结果，如表8-2所示。

表8-2 2008—2012年农村社会转型农户农业生产率Malmquist指数及分解

农户类型		技术效率变化	技术进步变化	纯技术效率变化	规模效率变化	Malmquist指数（TFP变化）
		TE=PE×SE	TC	PE	SE	TFP=TE×TC
有硬化马路	2008—2010	1.039	1.019	1.002	1.037	1.059
	2010—2012	1.052	1.002	1.000	1.052	1.054
	平均值	1.046	1.010	1.001	1.045	1.057
	要素贡献率	44.79%	10.24%	1.06%	43.90%	—

农户类型		技术效率变化	技术进步变化	纯技术效率变化	规模效率变化	Malmquist指数（TFP变化）
		TE=PE×SE	TC	PE	SE	TFP=TE×TC
无硬化马路	2008—2010	1.039	0.996	0.998	1.046	1.059
	2010—2012	1.042	0.997	0.994	1.048	1.038
	平均值	1.041	0.996	0.996	1.047	1.049
	要素贡献率	50.80%	−4.82%	−4.57%	58.58%	—
有公共汽车	2008—2010	1.048	1.003	0.998	1.050	1.050
	2010—2012	1.047	1.010	0.996	1.052	1.058
	平均值	1.048	1.006	0.997	1.051	1.054
	要素贡献率	46.85%	6.34%	−3.21%	50.02%	—
无公共汽车	2008—2010	1.033	0.998	0.995	1.037	1.031
	2010—2012	1.037	0.998	0.997	1.040	1.036
	平均值	1.048	0.998	0.996	1.039	1.034
	要素贡献率	59.05%	−2.31%	−4.49%	47.76%	—
有农业推广站	2008—2010	1.067	1.002	1.017	1.049	1.069
	2010—2012	1.064	1.011	1.012	1.051	1.075
	平均值	1.048	1.007	1.015	1.050	1.072
	要素贡献率	40.29%	5.50%	12.37%	41.84%	—
无农业推广站	2008—2010	1.045	0.997	0.997	1.048	1.042
	2010—2012	1.051	1.001	0.998	1.053	1.052
	平均值	1.048	0.999	0.998	1.051	1.047
	要素贡献率	50.33%	−0.87%	−2.46%	52.99%	—
有农资商店	2008—2010	1.040	1.011	0.999	1.041	1.051
	2010—2012	1.046	1.008	0.999	1.047	1.054
	平均值	1.048	1.009	0.999	1.044	1.053
	要素贡献率	47.83%	9.26%	−1.21%	44.11%	—
无农资商店	2008—2010	1.050	1.000	0.998	1.051	1.049
	2010—2012	1.054	0.997	0.996	1.058	1.051
	平均值	1.048	0.999	0.997	1.055	1.050
	要素贡献率	48.75%	−1.52%	−2.73%	55.50%	—

农户类型		技术效率变化	技术进步变化	纯技术效率变化	规模效率变化	Malmquist指数（TFP变化）
		TE=PE×SE	TC	PE	SE	TFP=TE×TC
有农业社会经济活动	2008—2010	1.045	1.007	0.997	1.048	1.053
	2010—2012	1.056	1.004	1.003	1.053	1.061
	平均值	1.048	1.006	1.000	1.051	1.057
	要素贡献率	46.00%	5.45%	0.14%	48.41%	—
无农业社会经济活动	2008—2010	1.040	0.998	0.997	1.043	1.038
	2010—2012	1.047	0.999	0.998	1.049	1.046
	平均值	1.048	0.999	0.998	1.046	1.042
	要素贡献率	53.25%	−1.62%	−2.68%	51.04%	—
有农村信用社	2008—2010	1.044	0.998	0.996	1.047	1.041
	2010—2012	1.056	1.000	0.998	1.057	1.055
	平均值	1.048	0.999	0.997	1.052	1.048
	要素贡献率	49.88%	−1.53%	−2.63%	54.29%	—
无农村信用社	2008—2010	1.041	0.997	0.997	1.043	1.037
	2010—2012	1.051	1.000	0.998	1.052	1.050
	平均值	1.048	0.998	0.998	1.048	1.044
	要素贡献率	52.25%	−2.15%	−2.22%	52.11%	—
有农贸市场	2008—2010	1.045	1.001	0.997	1.048	1.046
	2010—2012	1.051	1.001	0.999	1.052	1.052
	平均值	1.048	1.001	0.998	1.050	1.049
	要素贡献率	49.29%	1.29%	−2.03%	51.45%	—
无农贸市场	2008—2010	1.048	1.000	0.998	1.050	1.048
	2010—2012	1.052	1.002	0.999	1.053	1.054
	平均值	1.048	1.001	0.999	1.052	1.051
	要素贡献率	48.43%	0.99%	−1.49%	52.07%	—

数据来源：世界银行贷款中国新农村生态家园富民工程项目调查数据。

　　通过对2008—2012年农村转型不同农户农业全要素生产率变化及其分解来源的对比分析，从表8-2可以看出：

　　（1）从2008—2012年农村社会转型的硬环境变化来看，村庄有硬化马路的农户农业全要素生产率增长平均为5.7%，高于村庄没有硬化马路农户的4.9%。从农业全要素生产率增长的来源看，村庄有硬化马路的农户农业技术进步和纯技术效率对农业全要素生产率的贡献率分别为10.24%和1.06%，而村庄无硬化马路的农业技术进步和纯技术效率的贡献率分别为-4.82%和-4.57%。这表明，村庄有硬化马路对农户农业生产的技术进步和纯技术效率增长有明显的促进作用，是农业全要素生产率增长的重要来源。

　　村庄有去临近乡镇或县城的公共汽车对农户农业全要素生产率增长的技术进步贡献率为6.34%，而无去临近乡镇或县城的公共汽车的技术进步贡献率为-2.31%。这表明，村庄有去临近乡镇或县城的公共汽车对良种使用和农业机械等农业生产技术的认知、采纳和推广等有明显的促进作用。

　　从总体情况看，农村社会转型硬环境的变化对农户农业生产的规模效率差异不是很明显。

　　（2）从2008—2012年农村社会转型的软环境变化来看，村庄有农业技术推广站和农业经济组织及其活动的农户农业全要素生产率增长最高，平均分别增长7.2%和5.7%，有无农资商店、农村信用合作社和农村农贸市场等农村软环境对农户农业全要素生产率增长的差别并不明显。这表明，当前阶段，农村农业技术推广和农业经济组织及其活动对农业全要素生产率增长起到了明显的促进作用，而其他农村社会软环境的转型变化对农业全要素生产率增长并没有起到明显的作用。

　　从农户农业全要素生产率增长的源泉来看，村庄有农业技术推广站、农资商店，以及有农业社会经济组织及活动的农户技术进步和纯技术效率有明显的正增长，而无这些软环境村庄农户的农业技术进步和纯技术效率为负增长，特别是村庄有农业技术推广站的农户的纯技术效率增长贡献率高达12.37%。这表明，有农业技术推广站对农户的纯技术效率增长有明显的促进作用。

（3）通过对不同农村社会转型农户农业生产率增长变化及其来源比较，发现农户的农业规模效率增长和农业技术进步是农业全要素生产率增长的来源，而农户的农业纯技术效率是制约农业全要素生产率增长的瓶颈要素。

8.4.2 农村农户转型农户农业生产率增长源泉与瓶颈分析

对2008—2012年农村农户转型不同农户的农业全要素生产率Malmquist指数及其分解变化进行测算比较。测算的结果，如表8-3所示。

表8-3 2008—2012年农村农户转型农户农业生产率Malmquist指数及分解

农户类型		技术效率变化	技术进步变化	纯技术效率变化	规模效率变化	Malmquist指数（TFP变化）
		TE=PE×SE	TC	PE	SE	TFP=TE×TC
女性	2008—2010	1.043	1.001	0.997	1.046	1.044
	2010—2012	1.051	1.002	0.998	1.053	1.053
	平均值	1.048	1.002	0.998	1.049	1.049
	要素贡献率	49.51%	1.60%	−2.14%	51.03%	—
男性	2008—2010	1.045	1.000	0.997	1.048	1.045
	2010—2012	1.054	1.002	1.001	1.053	1.057
	平均值	1.048	1.001	0.999	1.050	1.051
	要素贡献率	48.51%	1.06%	−0.59%	51.01%	—
中老年人	2008—2010	1.030	0.999	0.990	1.040	1.028
	2010—2012	1.048	1.000	0.996	1.052	1.047
	平均值	1.048	0.999	0.993	1.046	1.038
	要素贡献率	55.69%	−1.13%	−7.63%	53.07%	—

续表

农户类型		技术效率变化	技术进步变化	纯技术效率变化	规模效率变化	Malmquist指数（TFP变化）
		TE=PE×SE	TC	PE	SE	TFP=TE×TC
青年人	2008—2010	1.050	1.014	1.007	1.043	1.066
	2010—2012	1.061	1.016	1.008	1.052	1.078
	平均值	1.048	1.015	1.008	1.047	1.072
	要素贡献率	40.52%	12.92%	6.69%	39.88%	—
兼业	2008—2010	1.039	0.997	0.997	1.042	1.036
	2010—2012	1.040	0.999	0.998	1.042	1.039
	平均值	1.048	0.998	0.998	1.042	1.037
	要素贡献率	56.24%	−2.78%	−2.36%	48.90%	—
非兼业	2008—2010	1.046	1.003	0.998	1.048	1.049
	2010—2012	1.058	1.004	1.001	1.057	1.062
	平均值	1.048	1.003	1.000	1.052	1.055
	要素贡献率	46.47%	3.03%	−0.08%	50.58%	—
高非农收入占比	2008—2010	1.015	0.998	0.994	1.021	1.013
	2010—2012	1.011	0.999	0.990	1.021	1.010
	平均值	1.048	0.998	0.992	1.021	1.011
	要素贡献率	80.96%	−3.15%	−12.78%	34.98%	—
低非农收入占比	2008—2010	1.048	1.012	1.004	1.044	1.061
	2010—2012	1.055	1.019	1.002	1.053	1.075
	平均值	1.052	1.015	1.003	1.048	1.068
	要素贡献率	43.69%	12.76%	2.88%	40.67%	—
初中及以上教育	2008—2010	1.043	1.015	1.001	1.042	1.059
	2010—2012	1.047	1.025	1.002	1.046	1.074
	平均值	1.045	1.020	1.002	1.044	1.066
	要素贡献率	40.91%	18.24%	1.37%	39.48%	—
小学及以下教育	2008—2010	1.039	0.999	0.997	1.042	1.037
	2010—2012	1.043	0.999	0.998	1.045	1.042
	平均值	1.041	0.999	0.998	1.043	1.040
	要素贡献率	50.57%	−1.25%	−2.83%	53.52%	—

数据来源：世界银行贷款中国新农村生态家园富民工程项目调查数据。

从表8-3可以看出，农村转型期2008—2012年农户转型变化的农业全要素生产率增长变化及其来源情况：

（1）农户劳动力结构变化的女性农业全要素生产率年平均增长为4.9%，男性为5.1%，这表明，农户劳动力结构"女性化"对农业全要素生产率增长没有明显负影响。男性和女性农户的农业全要素生产率增长都主要来源于技术效率增长和规模效率增长，技术进步和纯技术效率增长是农业全要素生产率瓶颈。

（2）农户劳动力年龄结构的变化对农户农业全要素生产率增长对比差别明显，青年人的全要素生产率增长年平均为7.2%，而中老年劳动力年平均增长为3.8%。同时，从全要素生产率的贡献率来看，青年农户的技术进步和纯技术效率为12.92%和6.69%，明显地高于中老年农户的-1.13%和-7.63%。这表明，农户劳动力结构"老龄化"明显影响全要素生产率的增长、农业技术进步和农业纯技术效率的增长。

（3）从农户的工作和收入来源变化看，非兼业农户和兼业农户的农业全要素生产率增长年平均分别为5.5%和3.7%，低非农收入占比（＜80%）农户的农业全要素生产率增长年均为6.8%，而高非农收入占比（≥80%）农户的农业全要素生产率增长年均为1.1%。这表明，农户的工作职业和收入来源已经影响到了农户的农业全要素生产率的增长。从农业全要素生产率的增长来源看，兼业以及高非农收入占比农户的技术进步和纯技术效率贡献率都为负值，分别为-2.78%、-2.36%和-3.15%和-12.78%。这表明，兼业和非农收入占比高不利于农业全要素生产率增长来源的技术进步和纯技术效率的增长。

（4）从农户人力资本的受教育程度变化来看，受教育程度为初中及以上农户的农业全要素生产率增长年均为6.6%，技术进步和纯技术效率增长分别为18.24%和1.37%，受教育程度为小学及以下农户的农业全要素生产率增长年均为4.0%，技术进步和纯技术效率增长分别为-1.25%和-2.83%。这表明，受教育程度高有利于农业全要素生产率的增长、农业技术进步和农业纯技术效率的增长。

（5）农户农业全要素生产率增长的源泉首先是规模效率增长，其次是技术进步，纯技术效率增长是瓶颈。

8.4.3　农村农业转型农户农业生产率增长源泉与瓶颈分析

对2008—2012年农村农业转型不同农户的农业全要素生产率Malmquist指数及其分解变化进行测算比较。测算结果，如表8-4所示。

表8-4　2008—2012年农村农业转型农户农业生产率Malmquist指数及分解

农户类型		技术效率变化	技术进步变化	纯技术效率变化	规模效率变化	Malmquist指数（TFP变化）
		TE=PE×SE	TC	PE	SE	TFP=TE×TC
农业大户	2008—2010	1.050	1.010	0.997	1.053	1.061
	2010—2012	1.077	1.003	1.020	1.056	1.081
	平均值	1.063	1.007	1.009	1.054	1.071
	要素贡献率	47.58%	5.21%	6.53%	40.68%	—
中等户	2008—2010	1.043	1.001	0.998	1.045	1.044
	2010—2012	1.055	1.001	1.002	1.053	1.056
	平均值	1.049	1.001	1.000	1.049	1.050
	要素贡献率	49.27%	1.47%	0.02%	49.25%	—
农业小户	2008—2010	1.022	0.993	0.991	1.032	1.015
	2010—2012	1.028	0.996	0.994	1.035	1.024
	平均值	1.025	0.994	0.992	1.033	1.019
	要素贡献率	56.38%	-13.32%	-17.11%	74.05%	—
使用良种	2008—2010	1.035	1.024	0.994	1.042	1.060
	2010—2012	1.040	1.024	0.996	1.044	1.064
	平均值	1.038	1.024	0.995	1.043	1.062
	要素贡献率	38.02%	23.75%	-5.23%	43.47%	—

农户类型		技术效率变化	技术进步变化	纯技术效率变化	规模效率变化	Malmquist指数（TFP变化）
		TE=PE×SE	TC	PE	SE	TFP=TE×TC
没使用良种	2008—2010	1.041	0.998	0.996	1.045	1.039
	2010—2012	1.047	0.999	0.996	1.051	1.046
	平均值	1.044	0.999	0.996	1.048	1.043
	要素贡献率	50.63%	−1.48%	−4.81%	55.67%	
施用有机肥	2008—2010	1.055	0.999	1.013	1.041	1.054
	2010—2012	1.059	1.000	1.014	1.044	1.059
	平均值	1.057	1.000	1.013	1.043	1.056
	要素贡献率	50.38%	−0.26%	11.82%	38.05%	
没施用有机肥	2008—2010	1.040	0.998	0.998	1.041	1.038
	2010—2012	1.042	0.999	0.997	1.045	1.042
	平均值	1.041	0.999	0.998	1.043	1.040
	要素贡献率	50.74%	−1.60%	−2.83%	53.70%	—
耕地改良	2008—2010	1.045	1.011	1.005	1.039	1.057
	2010—2012	1.056	1.025	1.013	1.042	1.083
	平均值	1.050	1.018	1.009	1.041	1.070
	要素贡献率	42.49%	15.35%	7.72%	34.45%	—
没耕地改良	2008—2010	1.038	0.997	0.996	1.042	1.035
	2010—2012	1.048	0.998	0.998	1.050	1.047
	平均值	1.043	0.998	0.997	1.046	1.041
	要素贡献率	51.28%	−2.71%	−3.43%	54.86%	—

数据来源：世界银行贷款中国新农村生态家园富民工程项目调查数据。

从表8-4可知，2008—2012年农村农业转型变化的农户农业全要素生产率增长变化及其来源情况：

（1）从农业转型的规模经营看：农业大户、中等户和农业小户的农业全要素生产率增长分别为7.1%、5.0%和1.9%；技术进步和纯技术效率增长年均分别为0.7%、0.9%、0.1%、0.05%、-0.6%、-0.8%。说明农业规模经营的大户的农业全要素生产率增长、技术进步和纯技术效率的增长都高于经营规模中等户和小农户。这表明，农业规模经营不仅有利于农业全要素生产率的增长，而且有利于农业技术进步和纯技术效率的增长。

（2）农业技术采纳的使用良种农户的农业全要素生产率增长年均为6.2%，技术进步贡献率为23.75%，远高于没有使用良种的农户的4.3%和-1.48%。这表明，使用良种对农户的技术进步起到了明显的作用。

（3）农业高质量发展，从施用有机肥和耕地改良来看：施用有机肥和耕地改良农户的农业全要素生产率增长年均为5.6%和7.0%；没有施用有机肥和耕地改良农户的农业全要素生产率增长年均为4.0%和4.1%。这表明，施用有机肥和实施耕地改良能明显地促进农户农业全要素生产率的增长。另外，施用有机肥的纯技术效率增长的贡献率为11.82%，实施耕地改良的技术进步和纯技术效率增长的贡献率分别为15.35%和7.72%。这表明，施用有机肥有利于农业纯技术效率的增长，实施耕地改良大大促进了农业技术进步和纯技术效率增长，从而提高了农业全要素生产率的增长。

8.5　单品种水稻农户农业生产率增长源泉与瓶颈及比较

为了考察农业单品种生产农业全要素生产率增长变化与整个农户样本的差异，对2008—2012年水稻样本农户的农业全要素生产率进行了Malmquist指数及其分解变化的测算。测算结果，如表8-5所示。

表8-5 2008—2012年水稻农户农业生产率Malmquist指数及分解

农户类型		技术效率变化	技术进步变化	纯技术效率变化	规模效率变化	Malmquist指数（TFP变化）
		TE=PE×SE	TC	PE	SE	TFP=TE×TC
整个水稻样本	2008—2010	1.023	1.022	0.992	1.031	1.046
	2010—2012	1.034	1.041	0.965	1.071	1.076
	平均值	1.029	1.032	0.979	1.051	1.061
	要素贡献率	31.87%	35.17%	−23.08%	56.04%	—
种稻大户（≥10亩）	2008—2010	1.050	1.067	1.009	1.041	1.120
	2010—2012	1.059	1.102	1.007	1.052	1.167
	平均值	1.055	1.085	1.008	1.047	1.144
	要素贡献率	28.21%	43.59%	4.10%	24.10%	—
种稻中等户（5-10亩）	2008—2010	1.046	1.041	0.997	1.049	1.089
	2010—2012	1.044	1.048	0.995	1.051	1.094
	平均值	1.045	1.045	0.996	1.050	1.092
	要素贡献率	33.09%	33.09%	−2.94%	36.76%	—
种稻小户（<5亩）	2008—2010	1.001	1.013	0.995	1.006	1.014
	2010—2012	1.034	1.050	0.985	0.978	1.011
	平均值	1.018	1.032	0.990	0.992	1.013
	要素贡献率	56.25%	100.00%	−31.25%	−25.00%	—

数据来源：世界银行贷款中国新农村生态家园富民工程项目调查数据。

从表8-5可知：

（1）从2008—2012年整个水稻样本看，农户水稻生产的全要素生产率TFP（Malmquist指数）增长年均为6.1%，其中，2008—2010年增长年均为4.6%，2010—2012年增长年均为7.6%。这表明2010—2012年间农户的农业全要素生产率获得了较快的增长。

（2）从2008—2012年全要素生产率增长指数分解看，全要素生产率增长主要来源于5.1%的规模效率（SE）增长和3.2%的技术进步（TC），其贡献率分别为56.04%和35.17%，但纯技术效率（PE）为2.1%的负增长，贡献率为-23.08%。这表明，水稻的全要素生产率主要来源于技术进步和规模效率增长，而纯技术效率是水稻全要素生产率增长的瓶颈。这与上述整体样本和不同转型农户样本得出的结论相一致。

（3）从水稻不同经营规模的农户来看，种稻大户的全要素生产率在2008—2012年增长了14.4%，种稻中等户为9.2%的增长率，种稻小户仅有1.3%的微小增长。而且，种稻大户的农业全要素生产率增长贡献率主要来源于43.59%的技术进步、4.10%的纯技术效率增长和24.10%的规模效率增长，种稻小户的全要素生产率全部来源于技术进步，而纯技术效率增长和规模效率增长分别为-31.25%和-25.00%。这表明，在单品种水稻生产方面，种稻大户有利于水稻生产的技术进步和纯技术效率的增长，突破了纯技术效率一直处于负增长的瓶颈。

为了考察单品种水稻样本的农业生产率增长变化情况与整个农业样本是否具有差异，对2008—2012年整体农业样本和水稻样本农户农业全要素生产率增长变化进行比较分析，比较的具体情况，如表8-6所示。

表8-6　2008—2012年整个样本与水稻样本农户农业生产率指数变化比较

农户类型		技术效率变化	技术进步变化	纯技术效率变化	规模效率变化	Malmquist指数（TFP变化）
		TE=PE×SE	TC	PE	SE	TFP=TE×TC
整个样本	2008	1.000	1.000	1.000	1.000	1.000
	2008—2010	1.039	1.012	0.979	1.062	1.052
	2010—2012	1.018	1.030	1.003	1.015	1.049
	平均值	1.029	1.021	0.991	1.039	1.051
	要素贡献率	36.25%	26.25%	−11.25%	48.75%	—
水稻样本	2008	1.000	1.000	1.000	1.000	1.000
	2008—2010	1.023	1.022	0.992	1.031	1.046
	2010—2012	1.034	1.041	0.965	1.071	1.076
	平均值	1.029	1.032	0.979	1.051	1.061
	要素贡献率	31.87%	35.17%	−23.08%	56.04%	—

数据来源：世界银行贷款中国新农村生态家园富民工程项目调查数据。

从表8-6可以看出：

（1）整个样本和水稻样本农户的农业全要素生产率增长年均分别为5.1%和6.1%，水稻全要素生产率增长略高于整个农业全要素生产率增长一个百分点，两种差别不是很大。

（2）从农业全要素生产率增长的来源看两者结论一致，整个样本和水稻样本农户的农业全要素生产率增长都主要来源于技术进步和规模效率增长，纯技术效率增长是农业全要素生产率增长的瓶颈要素。

8.6　本章小结

本章运用DEA-Malmquist模型对2008—2012年整个农业样本、农村转型变化不同农户样本，以及单品种水稻样本的农户农业全要素生产率Malmquist指数及其分解变化进行测算与比较，得到下列主要结论：

（1）从总体上看，农村转型期农户农业全要素生产率增长的平均水平还是处于比较低的状态，农户农业全要素生产率增长主要来源于规模效率增长和技术进步，纯技术效率增长是制约农业全要素生产率增长的瓶颈要素。

（2）农村转型的农村交通基础设施等社会硬环境变化，有力地促进了农户农业生产的技术进步和纯技术效率增长，从而促进了农业全要素生产率的增长。

（3）农村转型的农村社会软环境的变化，农村农业技术推广和农业经济组织及其活动对农业全要素生产率增长、农户技术进步和纯技术效率增长都有明显的促进作用；而农资商店、农村信用合作社和农村农贸市场等农村软环境对农户农业全要素生产率增长、农户技术进步和纯技术效率增长的作用并不明显。

（4）农户劳动力性别结构，劳动力"女性化"对农业全要素生产率增长没有明显负影响，农户劳动力年龄结构的变化对农户农业全要素生产率增长产生明显影响，农户劳动力结构"老龄化"明显影响农业全要素生产率的增长、农业技术进步和农业纯技术效率的增长。

（5）农户的工作和收入来源变化明显影响农业全要素生产率的增长、农业技术进步和农业纯技术效率的增长。兼业和非农收入占比高不利于农业全要素生产率增长来源的技术进步和纯技术效率的增长。

（7）农户人力资本的受教育程度明显影响农业全要素生产率的增长、农业技术进步和农业纯技术效率的增长。受教育程度高有利于农业全要素生产率的增长、农业技术进步和农业纯技术效率的增长。

（8）农村农业转型变化的农业规模经营、农业技术采纳，以及农业高质量发展都明显影响农业全要素生产率的增长、农业技术进步和农业纯技术效率的增长。农业规模经营大户、农户使用良种、农户施用有机肥以及耕地改良都有利于农业全要素生产率增长、技术进步和纯技术效率的增长。

第九章

中国农村转型对农户农业生产率增长影响的实证分析

为了实证检验农村转型下农村社会、农户和农业变化因素对农户农业生产率增长变化的影响，本章利用第八章对整个样本农户和单品种水稻样本农户农业生产率增长源泉测度的数据，运用Tobit模型对农户农业生产效率增长的影响因素进行显著性检验。同时，为了进一步考察农村转型变化的因素对不同全要素生产率增长水平农户影响的差异，运用分位数回归模型来分析农村转型变化因素对不同农业全要素生产率增长水平农户的影响，分位数回归模型分析有利于克服因变量异常值对回归模型参数估计的影响，能获得较为稳健的估计结果。

9.1 实证模型构建

9.1.1 Tobit回归模型构建

根据Tobit模型理论，农业全要素生产率是大于0的数据，仍然属于截断数据，因此，本章建立的Tobit回归模型如公式（9-1）：

$$\mathrm{TFP}_{it} = \beta_0 + \beta_1 \chi_{1i} + \beta_2 \chi_{2i} + \cdots + \beta_t \chi_{ti} + \varepsilon_i = \beta_0 + \sum_{t=1}^{n} \beta_t \chi_{ti} + \varepsilon_i \quad （9-1）$$

公式（9-1）中，TFP_{it}表示测度的农户农业生产率增长水平，i为农户样本，t为时间变量，β_0为回归截距的常数项，x_1，x_2，x_3，$\cdots$，x_i为影响农户农业全要素生产率增长的农村转型变化因素的各相关解释变量，β_1，β_2，β_3，$\cdots$，β_i为相应解释变量的回归系数，ε为随机扰动项。

9.1.2　分位数回归模型

分位数回归是Koenker and Passett（1978）提出的，是依据被解释变量的条件分位数进行回归，能够较准确地估计出解释变量对被解释变量的变化范围和条件分布的影响，分位数回归不易受到被解释变量异常值的影响，对误差项分布也不要求有经典最小二乘回归的假设条件，估计参数的系数更稳健。

因此，为了考察农村转型变化各因素对不同全要素生产率增长水平农户的影响，本章把农户按农业全要素生产率增长水平TFP指数从低到高分为三等分，即0.25、0.5、0.75三个分位点，进行分位数回归。建立分位数回归模型如公式（9-2）：

$$Q_{TFP}(\tau \mid X = x) = x'\beta_\tau \qquad\qquad (9\text{-}2)$$

公式（9-2）中，$Q_{TFP}(\tau \mid X = x)$为给定农村转型变化因素X时农户的农业全要素生产率增长水平TFP的条件τ分位数，β_τ是对应TFP的第τ分位数农村转型变化因素X的回归系数，其估计值$\hat{\beta}_\tau$可以通过公式（9-3）最优化来求解：

$$\hat{\beta}_\tau = \arg\min[\tau \sum_{y \geq x'\beta} |y - x'\beta| + (1-\tau) \sum_{y < x'\beta} |y - x'\beta|] \qquad (9\text{-}3)$$

公式（9-3）中，τ是被解释变量TFP的分位点。通过公式（9-3）就可以估计出各个农村转型变化因素对不同全要素生产率增长水平农户的影响系数。

9.2 数据来源及指标选取说明

9.2.1 数据来源与指标选取

本章被解释变量为整个农业样本和水稻样本农户的农业全要素生产率增长变化及其分解指标变量，即第八章测算出的整个样本和水稻样本农户的农户全要素生产率增长的Malmquist指数（TFP指数）、技术效率变化、技术进步、纯技术效率变化，以及规模效率变化。解释变量和控制变量来源于世界银行贷款中国新农村生态家园富民工程项目的农户问卷调查数据。

解释变量主要为农村转型变化的各个因素，包括农村转型中的农村社会、农户和农业转型变化的各个因素。控制变量，主要是农户的农业生产投入要素。各指标变量及其定义说明，如表9-1所示。

表9-1　Tobit和分位数回归模型的指标变量及其定义

变量名称		变量定义	单位
被解释变量	全要素生产率指数变化（TFPch）	Malmquist指数方法测度的整个农户样本及水稻样本农户农业全要素生产率指数变化数值	—
	技术效率变化（TEch）	农户农业技术效率的变化数值	—
	技术进步变化（TCch）	农户农业技术进步变化数值	—
	纯技术效率变化（PEch）	农户农业纯技术效率变化数值	—
	规模效率变化（SEch）	农户农业规模效率变化数值	—
解释变量			
交通设施	硬化马路	1=有硬化马路，0=无硬化马路	—
	公共汽车	1=有公共汽车，0=无公共汽车	—
农技农资设施	农业推广站	1=有农业推广站，0=无农业推广站	—
	农资商店	1=有农资商店，0=无农资商店	—

变量名称		变量定义	单位
社会经济活动设施	社会经济活动	1=有农业社会经济活动，0=无农业社会经济活动	—
	农村信用社	1=有农村信用合作社，0=无农村信用合作社	—
	农贸市场	1=有农贸市场，0=无农贸市场	—
劳动力结构	性别	1=女性，0=男性	—
	年龄	周岁，年龄数	年
农户职业	兼业程度	过去1年里在家居住的月数	月
	非农收入占比	非农收入占家庭收入的比重	%
人力资本	教育程度	教育年限：教育上学的实际年数	年
规模经营	耕种面积	所有农作物的耕种面积的亩数	亩
技术采纳	使用良种	1=使用良种，0=没使用良种	—
农业高质量发展	耕地改良	1=耕地改良，0=没有耕地改良	—
	有机肥费用	有机肥投入费用	元
控制变量			
投入指标（Input）	劳动力投入	农户家庭大于16周岁在家参加农业生产劳动的总人数	人
	种子薄膜费	农户农业生产购买种子和薄膜总费用	元
	机械畜力作业费	农户农业生产的耕地、收割等机械和畜力作业的总费用	元
	农药化肥费	农户农业生产购买农药化肥总费用	元

注："—"表示变量无单位。

9.2.2 指标变量样本的描述性统计

对2008—2012年整个样本农户的被解释变量、解释变量和控制变量进行描述性统计，如表9-2所示。

表9-2 2008—2012年整个样本农户农业生产率变化及变量的描述性统计

变量名称		样本量	最大值	最小值	平均值	标准差
被解释变量	全要素生产率指数变化（TFPch）	3739	1.296	0.139	1.051	0.568
	技术效率变化（TEch）	3739	1.436	0.043	1.029	0.404
	技术进步变化（TCch）	3739	1.277	0.033	1.021	0.567
	纯技术效率变化（PEch）	3739	1.126	0.014	0.991	0.430
	规模效率变化（SEch）	3739	1.472	0.048	1.039	0.574

续表

变量名称		样本量	最大值	最小值	平均值	标准差
解释变量						
交通设施	硬化马路	4971	1	0	0.780	0.414
	公共汽车	4950	1	0	0.184	0.498
农技农资设施	农业推广站	4957	1	0	0.164	0.370
	农资商店	4971	1	0	0.474	0.499
社会经济活动设施	社会经济活动	1672	1	0	0.521	0.499
	农村信用社	4964	1	0	0.131	0.338
	农贸市场	4950	1	0	0.184	0.388
劳动力结构	性别	4972	1	0	0.643	0.479
	年龄	4972	80	21	52.344	10.377
农户职业	兼业程度	4972	12	0	5.23	3.140
	非农收入占比	4972	99.76	6.39	57.94	32.82
人力资本	教育程度	4972	16	0	6.282	2.707
规模经营	耕种面积	4972	3008.5	0.5	9.756	48.683
技术采纳	使用良种	4972	1	0	0.620	0.485
农业高质量发展	耕地改良	4972	8180	0	122.550	518.06
	有机肥费用	4972	1	0	0.321	0.467
控制变量						
投入指标（Input）	劳动力投入	4972	8	1	3.812	1.122
	播种面积	4972	3008.5	5	9.756	48.683
	种子费	4972	15000	10	227.409	350.407
	农用薄膜费	4972	4000	9	66.626	233.433
	役畜和机械作业费	4972	11000	20	153.1549	265.6639
	农药费	4972	10000	10	425.3592	785.0571
	化肥费	4972	11080	13	1050.143	1040.197
	灌溉费	4972	5280	15	65.05611	156.1472
	雇工费	4972	10000	30	140.3711	496.39

数据来源：世界银行贷款中国新农村生态家园富民工程项目调查数据计算整理所得。

9.3 整个样本农户农业生产率增长影响因素的实证结果分析

9.3.1 整个样本农户农业生产率增长影响因素的Tobit估计结果分析

对整个样本农户农业全要素生产率增长（TFPch）及其分解变量变化技术效率变化（TEch）、技术进步变化（TCch）、纯技术效率变化（PEch）和规模效率变化（SEch）的影响因素进行Tobit模型实证检验。

本章控制了农户投入产出的影响，对回归估计模型进行了Hausman检验，检验结果拒绝了农户农业全要素生产率TFP变化与村级区域和时间无关的原假设，因此，本章采取固定效应模型进行估计。Tobit模型估计结果，如表9-3所示。

表9-3 2008—2012年整个样本农户农业生产率增长影响因素的
Tobit模型估计结果

变量		TEch	TCch	PEch	SEch	TFPch
交通设施	硬化马路	0.1334**	0.0495***	0.1301	0.1156	0.9945***
	公共汽车	0.3091	0.0968	0.2987	0.1735	0.9688
农技农资设施	农业推广站	0.9775**	0.0839***	0.4938**	0.3797	3.3461***
	农资商店	0.4689	0.0030	0.1550	0.2788	1.9206
社会经济活动设施	社会经济活动	0.2425***	0.1520***	0.1834***	0.0381***	0.6892***
	农村信用社	1.0200	0.0855	0.4167	0.5714	3.9692
	农贸市场	0.6123	0.1106	0.0659	0.0484**	2.2891
劳动力结构	性别	0.1902	0.1623	0.2086	−0.1367**	0.6271
	年龄	−0.0089**	−0.0010***	−0.0128**	−0.0036***	−0.0021***
农户职业	兼业程度	−0.0498**	−0.0366***	−0.0376***	−0.0452***	−0.1893
	非农收入占比	0.0491**	0.1383**	−0.1982***	−0.0151***	−0.5509***
人力资本	教育程度	0.0781**	0.0062**	0.0490**	0.0503	0.1954**
规模经营	耕种面积	0.0038	0.0002**	0.0029	0.0016**	0.0189**

变量		TEch	TCch	PEch	SEch	TFPch
技术采纳	使用良种	0.8082**	0.0034**	0.7076**	0.2322	1.1574**
农业高质量发展	耕地改良	0.5093**	0.5159**	0.1496***	0.5410	1.3003**
	有机肥费用	0.0001**	0.0002	0.0001**	0.0002	0.0002**
控制变量	劳动力投入	−0.0557**	0.0150	−0.0846	0.0570**	0.1786
投入指标（Input）	播种面积	0.0038	0.0002**	0.0029	0.0016**	0.0189**
	种子费	0.0001	0.0001	0.0001	0.0005	0.0001
	农用薄膜费	0.0045**	0.0014**	0.0077	0.0043	0.0036**
	役畜和机械作业费	0.0002**	0.0002***	0.0009	0.0008**	0.0003**
	农药费	0.0002	0.0003	0.0001	0.0002	−0.0007
	化肥费	−0.0001	−0.0002	−0.0003	0.0002	−0.0002
	灌溉费	0.0013	0.0008	0.0000	0.0025	0.0039
	雇工费	−0.0005	−0.0001	−0.0003	−0.0003	−0.0012
时间效应	年	Yes	Yes	Yes	Yes	Yes
地区效应	村级	Yes	Yes	Yes	Yes	Yes
	constent	1.0335	2.1244***	1.7138**	0.3935	0.2950***
	Pseudo R^2	0.3031	0.3519	0.4797	0.4469	0.3867
	Prob＞chi2	0.0016	0.0000	0.0094	0.0049	0.0085

注：***$p < 0.01$，** $p < 0.05$，* $p < 0.1$。No表示没有控制，Yes表示控制了时间和地区村级固定效应。

从估计结果表9-3可知：

（1）农村社会转型的硬环境变化的硬化马路交通设施对农户农业全要素生产率、技术效率和农业技术都有显著的正影响，但是对纯技术效率和规模效率影响不明显，村庄有去临近乡镇或县城的公共汽车对农业全要素生产率及其分解变量都没有显著的影响。

（2）农村社会转型的软环境变化因素，村庄有农业社会经济组织及其活动对农业全要素生产率、技术效率、技术进步、纯技术效率，以及规模效率都有显著的正影响，村庄的农业技术推广站对技术效率、技术进步、纯技术效率有显著的正影响。这表明，农村农业推广体系和农业社会经济组织的建设极大地提高了农业全要素生产率。但是，农村农资商店、农村信用合作社和农村农贸市场等的建设对村庄农户农业全要素生产率没产生显著的正影响。

（3）农村农户转型变化中，农户劳动力的年龄结构、兼业程度、非农收入占比都对农户的农业全要素生产率及分解变量产生显著的负向影响，农户劳动力的性别结构对农户农业全要素生产率及其分解变量影响不明显，而农户人力资本的教育对技术和纯技术效率有显著的正影响。这表明，受教育程度高的农户更容易认知、采纳和推广农业技术和先进的管理经验。

（4）农村农业转型变化中，农业经营规模对技术、规模效率和全要素生产率产生显著正向影响，但是对纯技术效率影响不明显，采用良种、耕地改良，以及施用有机肥等农业技术采纳和农业高质量发展，都能显著正向影响农业全要素生产率，但是影响全要素生产率的来源有较大差异，使用良种主要改善技术效率和技术进步，耕地改良主要改善技术和纯技术效率，施用有机肥主要影响纯技术效率。

（5）在控制变量中，农户生产投入的家庭劳动力人数对技术效率呈现显著的负向影响，农用薄膜、役畜和机械作业，以及播种面积对农业全要素生产率有显著的正向影响，农药化肥及雇工费用对全要素生产率已经产生了负向影响，但是影响并不显著。这表明，农业生产农药化肥的过度使用，以及雇用工费用的快速上涨，已经影响到了农业全要素生产率的增长。

9.3.2 整个样本农户农业生产率增长影响因素的分位数回归估计结果分析

为了考察农村转型变化因素对不同农业全要素生产率增长水平农户影响的不同，把2008—2012年整个样本农户的全要素生产率增长水平从低到高分为三等分，即（0.25，0.5，0.75）三个分位点，进行分位数回归分析，同时控制农户投入要素的影响，对回归估计模型进行Hausman检验，检验结果拒绝了农户农业全要素生产率增长与村级区域和时间无关的原假设，因此，本章采取固定效应模型进行估计。估计结果如表9-4所示。

表9-4　2008—2012年整个样本农户农业生产率增长影响因素的分位数回归模型
估计结果

变量		TFPch分位数回归模型		
		q^{25}	q^{50}	q^{75}
交通设施	硬化马路	0.1750	0.0169**	0.3881**
	公共汽车	0.0097	0.1124	0.2020
农技农资设施	农业推广站	0.2517**	0.1802***	0.7511***
	农资商店	0.0179	0.0627**	0.4891***
社会经济活动设施	社会经济活动	0.0187	0.1167**	0.0296**
	农村信用社	0.3900	0.2290	0.9389
	农贸市场	0.1051	0.0148	0.5015**
劳动力结构	性别	−0.0619***	−0.1878***	2.3641
	年龄	−0.0007***	−0.0093**	−0.0072
农户职业	兼业程度	−0.0260***	−0.0519**	−0.0540
	非农收入占比	−0.0646***	−0.4043**	−0.3457
人力资本	教育程度	0.0223	0.0408	0.1019**
规模经营	耕种面积	0.00036	0.0042**	0.0044**
技术采纳	使用良种	0.2641***	0.7394***	1.3507***
农业高质量发展	耕地改良	0.0168**	0.4110***	1.2732***
	有机肥费用	0.0001	0.0002**	0.0003**

续表

变量		TFPch分位数回归模型		
		q^{25}	q^{50}	q^{75}
控制变量	劳动力投入	0.0583	0.0902	0.0277
投入指标（Input）	播种面积	−0.0036	0.0042**	0.0044**
	种子费	−0.0016	0.0006	0.0004
	农用薄膜费	0.0003**	0.0006**	0.0044***
	役畜和机械作业费	0.0003	0.0002***	0.0003***
	农药费	−0.0002**	0.0001	0.0002
	化肥费	−0.0005***	0.0007	0.0003
	灌溉费	0.0001	0.0002	0.0031
	雇工费	−0.0006**	0.0002	0.0004
时间效应	年	Yes	Yes	Yes
地区效应	村级	Yes	Yes	Yes
	constent	0.6294**	1.0047***	0.3949
	Pseudo R^2	0.0190	0.0300	0.0456

注：*** $p < 0.01$，** $p < 0.05$，* $p < 0.1$。No表示没有控制，Yes表示控制了时间和地区村级固定效应。

从表9-4可以看出：

（1）农村农资商店、村庄的硬化马路、农业社会经济组织及其活动、施用有机肥、受教育程度、役畜和机械作业费，以及播种面积对农业全要素生产率增长水平高的农户有显著的正向影响，而对低水平农业全要素生产率增长的农户影响不显著。这表明，农村农资商店、村庄的硬化马路、农业社会经济组织及其活动、受教育程度高、施用有机肥、役畜和机械作业，以及播种面积大更有利于农业生产率增长水平高的农户的农业生产率的增长。

（2）村庄有农业技术推广站、使用良种、耕地改良，以及农用薄膜使用对高水平和低水平农业全要素生产率增长的农户都有显著的正影响。

这表明，农村转型中村庄有农业技术推广站、使用良种、耕地改良，以及农用薄膜使用对农业全要素生产率的增长具有普及性。

（3）农业生产的"女性化"、"老龄化"、兼业程度高、非农收入占比高、雇用劳动力，以及农业化肥施用对低水平农业全要素生产率增长的农户产生了显著的负向影响，而对高水平农业全要素生产率增长的农户影响不显著。

9.4 单品种水稻农户农业生产率增长影响因素的实证结果分析

为了考察单品种水稻农户农业全要素生产率增长的影响因素及与整个样本农户的差异，对2008—2012年水稻样本农户的水稻生产全要素生产率增长进行Tobit模型和分位数回归分析。分位数回归，把农户的水稻全要素生产率（TFP）从低到高分为三等份，采用分位数回归模型分别在25%、50%、75%的分位数进行回归分析。同时，控制农户水稻生产投入要素的影响，对回归估计模型进行Hausman检验，检验结果拒绝了农户水稻全要素生产率TFP与村级区域和时间无关的原假设。因此，本章采取固定效应模型进行估计。估计结果如表9-5所示。

表9-5 2008—2012年水稻样本农户农业生产率增长影响因素的Tobit和分位数回归模型估计结果

变量		Tobit模型		分位数回归模型		
		系数	t值	q^{25}	q^{50}	q^{75}
交通设施	硬化马路	0.1214**	2.03	0.1507	0.0908**	0.0984**
	公共汽车	0.2784	1.33	0.0104	0.1635	0.0141
农技农资设施	农业推广站	0.5133***	3.01	0.3155***	0.089***	0.2254***
	农资商店	0.0028	1.19	0.0965	0.1040	0.1594**

变量		Tobit模型		分位数回归模型		
		系数	t值	q^{25}	q^{50}	q^{75}
社会经济活动设施	社会经济活动	0.9758**		0.1271	0.0519**	0.0438**
	农村信用社	0.0012	1.03	0.4570	0.2570	0.1627
	农贸市场	0.0007	1.18	0.0244	0.0807	0.0015
劳动力结构	性别	0.0149	0.68	0.1055	0.0585	0.7109
	年龄	−0.0048**	−2.05	−0.0037**	0.0040**	0.0019
农户职业	兼业程度	−0.0027**	−2.21	−0.0262***	−0.0450**	−0.0355
	非农收入占比	−1.6941***	−2.66	−0.0647**	−0.1408**	−0.0082
人力资本	教育程度	0.0321	1.27	0.0196	0.0378	0.0307**
规模经营	耕种面积	1.9855***	3.63	0.0062	0.0004	0.0027**
技术采纳	使用良种	0.0059**	1.97	0.1190	0.3927	0.4624
农业高质量发展	耕地改良	0.0773**	2.31	0.2062	0.2704**	0.4784**
	有机肥费用	0.0007	0.99	0.0001	0.0002**	0.0002**
控制变量	劳动力投入	0.0006	1.41	0.0016	0.0016	0.0069
投入指标（Input）	播种面积	0.0328**	2.34	0.0062	0.0004	0.0027**
	种子薄膜费	0.0081**	2.01	0.0001	0.0001	0.0001
	机械畜力作业费	0.0028***	3.91	0.0001	0.0001	0.0002
	农药化肥费	−0.0008	1.34	−0.0001	−0.0001	−0.0001
时间效应	年	Yes	Yes	Yes	Yes	Yes
地区效应	村级	Yes	Yes	Yes	Yes	Yes
	constent	0.6745	0.8826	21.0108	28.3784	13.7474
	Pseudo R^2	0.0058	0.0076	0.0092	0.0140	0.0122

注释：***$p < 0.01$，**$p < 0.05$，*$p < 0.1$。No表示没有控制，Yes表示控制了时间和地区村级固定效应。

从表9-5的Tobit模型和分位数回归估计结果可以看出：

（1）Tobit模型估计结果与整个农业样本的估计结果较为一致，这也说明估计结果的稳健性。在农村转型变化中，村庄有硬化马路、农业技术推广站、农业社会经济组织及其活动，播种面积大，使用良种，耕地改良，提高种子农用薄膜费、机械畜力作业费对水稻的全要素生产率增长产生了显著的正向影响。而年龄增长、兼业程度高,以及非农收入占比高对水稻的全要素生产率增长产生了显著的负向影响。

(2)分位数回归结果也与整个样本农户的估计结果基本一致。农户的文化程度高、播种面积大对中、高水平全要素生产率增长的农户产生了显著的正影响,劳动力投入多对高水平全要素生产率增长的农户产生了显著的正影响;而这些对低水平全要素生产率增长的农户影响不显著。

(3)分位数回归估计结果中,年龄增长产生负影响和教育程度高产生正影响符合预期,农药化肥对所有农户的全要素生产率增长都是负影响,这可能由于农药化肥投入已超过了最优用量,导致边际效应为负数,这一结果与整个样本估计结果一致,也与前人研究的结果相似(曾福生、高鸣,2012;黄祖辉、王建英、陈志钢,2014),但这些投入要素的影响均未达到显著水平。

9.5 本章小结

本章通过运用Tobit模型和分位数回归模型对整个样本农户的农业全要素生产率增长变化及其分解变量,以及单品种水稻样本农户水稻全要素生产率增长变化的影响因素进行了实证检验和比较分析,得到下列主要结论:

(1)农村农资商店、村庄的硬化马路、农业社会经济组织及其活动、施用有机肥、受教育程度高、役畜和机械作业,以及播种面积大对农户的农业全要素生产率增长都有显著的正向影响。但是,这些变化因素对农业全要素生产率来源的分解变量和不同农业全要素生产率增长水平的农户影响有明显的差别:

从对农业全要生产率分解变量的影响来看:硬化马路主要显著影响技

术效率变化和农业技术进步；而农业社会经济组织及其活动对农业技术效率变化、技术进步、纯技术效率变化，以及规模效率变化都有显著的正影响；农业技术推广站主要显著影响技术效率变化、技术进步、纯技术效率变化；使用良种主要显著影响技术效率变化和技术进步变化。

从对不同农业全要素生产率增长水平的农户影响来看：农村农资商店、村庄的硬化马路、农业社会经济组织及其活动、施用有机肥、受教育程度高、役畜和机械作业，以及播种面积大对农业全要素生产率增长水平高的农户有显著的正向影响，而对低水平农业全要素生产率增长的农户影响不显著。

这表明，不同转型变化因素对全要素生产率增长变化影响的来源显著具有差异性，而且对不同农业全要素生产率增长水平的农户的影响具有明显的差异。

（2）村庄有农业技术推广站、使用良种、耕地改良、使用农用薄膜对整个样本农户和水稻样本农户的农业全要素生产率增长，以及高水平和低水平农业全要素生产率增长的农户都有显著的正影响。这表明，农村转型中村庄有农业技术推广站、使用良种、耕地改良，以及农用薄膜使用对农业全要素生产率的增长具有普及性。

（3）农业生产的"女性化"、"老龄化"、兼业程度高、非农收入占比高、雇用劳动力，以及农业化肥施用对低水平农业全要素生产率增长的农户的农业全要素生产率增长及其来源的分解变量产生了显著的负向影响。

第十章

研究结论与政策建议

10.1 主要研究结论

农业生产率是农业经济增长研究的核心问题。中国农村转型变化已给中国农业生产率的增长带来系列问题和挑战。中国农村转型是一个包括农村社会、农户和农业转型变化及其相互关联的系统演变过程。因此，本书从系统的角度，把农村转型的农村社会、农户和农业转型变化放在一个理论框架内来研究其变化对农户农业生产率增长的影响。

本书在界定和厘清农村转型内容的基础上，综合利用世界银行贷款中国新农村生态家园富民工程项目的农户问卷调查数据和中国综合社会调查数据CGSS2013，通过数据描述性统计，分析了农村转型的基本概况，农村转型变化因素对农户农业生产率的作用机制；利用DEA-Malmquist从整个农业样本、单品种水稻样本，以及不同农村转型变化农户等多角度对农户农业生产率水平、农业生产率增长源泉及其制约要素进行了测量和比较分析；利用DEA-Tobit模型、Logit模型、Malmquist-Tobit模型、分位数回归模型等多种方法对农村转型的因素变化对农户农业生产率水平、农业生产是否有效率、农业生产率增长及其分解变量的变化进行了实证检验；同时，本章还运用准自然实验方法的倾向得分匹配法（PSM）对转型下超重肥胖农户对农业生产率的影响进行了实证分析。得到了下列主要研究结论：

10.1.1 中国农村正在发生显著的系统变化，包括农村社会、农户和农业转型。

（1）中国农村社会正在由传统社会逐步转变为软硬件环境日益发达的现代社会。

（2）中国农户转型在农户劳动力的性别、年龄结构、工作职业、收入来源、教育、超重肥胖等方面的影响发生了严重的分化。

（3）农村农业转型在政府政策激励和市场需求的双重引导下，由过去的高投入高污染、主要靠要素驱动的农业生产模式正在向着规模化经营、农业技术进步和农业高质量驱动发展的方向转变。

10.1.2 中国农户农业生产率水平及其增长总体上处在比较低的状态，农业技术进步和规模效率增长是农户农业全要素生产率增长的源泉，纯技术效率是增长的瓶颈。

农户2008—2012年农业生产综合技术效率平均为0.626，农业全要素生产率增长年均为5.1%，规模效率一直处于递增状态，但是纯技术效率基本上一直处于递减状态。这表明，农户的技术进步和规模效率增长是农户农业全要素生产率增长的源泉，纯技术效率是农户农业全要素生产率增长的瓶颈。

10.1.3 中国农村转型变化下，不同转型农户的农业生产率水平呈现明显的差别。

（1）农村社会转型下，软环境建设方面的农业技术推广站、农业专业合作组织、农业专业技术协会及其他社会经济组织，以及村庄农资商店，能明显提高农户的农业生产率水平；但是，农村金融机构、农贸市场没有促进农户农业生产率的提高。农村社会转型硬环境建设方面，农村交通基础设施显著地提高了所在村庄农户的农业生产率；而有无去临近乡镇或县城的公共汽车对农户农业生产率无明显影响。

（2）农村农户转型下，农户劳动力结构变化的方面，女性劳动力的农业生产率和男性劳动力的农业生产率没有明显的差别，但是青年劳动力的农业生产率明显高于中老年劳动力的农业生产率；农户工作和收入变化方面，兼业和非农收入占比高的农户农业生产率明显低于非兼业农户和以农业收入为主的农户；人力资源方面，农户教育程度高低对整个农户农业生产率水平的影响不明显。

（3）农村农业转型下，农业规模经营、农业技术采纳，以及农业高质量发展等转型变化都显著提升农户的农业生产率水平。

（4）农户的水稻生产率比整个农业生产率低。过度使用农药化肥等农业生产资料，不仅导致水稻的生产率下降，而且导致了普遍的农业面源污染问题；配套的多品种农业生产和耕作制度比水稻单品种生产可能更有利于农户农业生产率的增长。

10.1.4 中国农村转型下，不同转型因素对农户农业生产率水平及其增长影响显著，而且呈现明显的差异性。

（1）农村社会硬环境转型的硬化马路交通设施显著地正向影响了农户农业生产率水平和农业全要素生产率的增长；而村庄有去临近乡镇或县城的公共汽车的作用不显著。硬化马路显著正向影响了农户农业生产的技术进步和纯技术效率增长，从而促进了农业全要素生产率的增长。

（2）农村社会软环境变化对不同农户农业生产率的影响具有显著的差异。村庄有农业技术推广站、农资商店和农业社会经济组织及其活动对农业经营大户、青年农户、非兼业农户、非农收入占比低农户，以及受教育程度高的农户的农业生产率水平和农业全要素生产率增长有明显的正影响，而对农业经营小户、中老年农户、兼业农户、非农收入占比高农户，以及受教育程度低的农户影响不显著。

（3）农村社会软环境中的农村信用合作社，农贸市场对农户农业生产率水平和农业全要素生产率增长的影响不显著。这表明，对农业生产经营发展极其重要的农村金融和农村市场经济组织对农业生产率的发展没有起到显著的正向作用。

（4）农村农户转型方面，劳动力结构性别比例变化对农户农业生产率水平及其增长的影响不显著，而年龄结构变化有显著的负向影响。这表明农业劳动力"女性化"没有显著地影响农业生产率增长，而中老年农业劳动力对农业社会经济组织及其活动、农业技术采纳、农业机械化作业、耕地改良、施用有机肥，以及农业经营规模等都有显著的负向影响，制约了农业全要素生产率的增长、农业技术进步和农业纯技术效率的增长。

（5）农户转型的兼业程度、非农收入占比等农户主要工作和收入来源的变化显著地负向影响了农户农业生产率水平及其增长。农户的兼业工作和非农收入显著负向影响农业全要素生产率的增长、农业技术进步和农业纯技术效率的增长。这表明，兼业和非农收入占比高不利于农业全要素生产率增长来源的技术进步和纯技术效率的增长。

（6）在农户人力资本转型方面，受教育程度和超重肥胖已经显著地影响了农户农业生产率的增长。受教育程度对整个样本农户农业生产率及其增长没有显著影响，但是对青年劳动者、农业大户有显著的正向影响；而且，受教育程度高的农户的农业生产率受到使用良种、耕地改良和有机肥施用等因素影响更显著。这表明，提高青年农业劳动者和农业经营大户的教育水平，重点关注受教育程度高的农户的使用良种、耕地改良和有机肥施用等农业技术采纳和农业高质量发展，有利于农业生产率水平的增长。农户农业生产者的超重肥胖已经显著地负向影响了其农业劳动生产率和农业收入水平。这充分表明，中国农村转型期的农户由于农户饮食生活习惯改变导致的超重肥胖，已经影响了农户人力资本的健康资本，显著负向影响了农户的农业生产率水平及其增长。

（7）农村农业转型的农业规模经营、农业技术采纳，以及农业高质量发展都明显影响农业全要素生产率水平及其增长、农业技术进步和农业纯技术效率的增长。农业规模经营大户、农户使用良种、农户施用有机肥以及耕地改良都有利于农业全要素生产率增长、技术进步和纯技术效率的增长。首先，农户规模化经营对农业生产率有显著的正影响，农业经营大户在提高农药化肥使用效率、采用良种和农业机械化作业、耕地改良、有机肥施用等方面对农业生产率水平有显著的正向影响。其次，农业技术采纳的使用良种、农业高质量发展的施用有机肥和耕地改良都显著地正向影响农业生产率水平。

10.1.5 农户农业投入要素对农业生产率水平及其增长产生了显著影响，但存在明显的差异。

（1）播种面积、种子费用、农业薄膜费用、役畜和机械作业费用等都对农户农业生产率有显著的正向影响，这表明农户扩大规模经营、使用良种、采用先进的农业技术和农业机械化能显著地提升农业生产率水平。

（2）农药化肥、雇工的影响并不显著，但是化肥的影响已经出现了负向关系，这表明化肥要素的过度投入不但增加了投入成本，而且对农业生产率起到了显著的负向影响作用。

10.1.6 不同转型因素对全要素生产率增长来源的影响具有差异性，而且对不同农业全要素生产率增长水平农户的影响也具有显著的差异。

（1）从对农业全要素生产率分解变量的影响来看，硬化马路主要显著影响技术效率变化和农业技术进步；农业社会经济组织及其活动对农业技术效率、技术进步、纯技术效率，以及规模效率都有显著的正影响；农业技术推广站主要显著影响技术效率、技术进步、纯技术效率；使用良种主要显著影响技术效率和技术进步。

（2）从对不同农业全要素生产率增长水平的农户影响来看，农村农资商店、村庄的硬化马路、农业社会经济组织及其活动、施用有机肥、受教育程度、役畜和机械作业费，以及播种面积对农业全要素生产率增长水平高的农户有显著的正向影响，而对低水平农业全要素生产率增长的农户影响不显著。

（3）村庄有农业技术推广站、使用良种、耕地改良、农用薄膜对整个样本农户和水稻样本农户的农业全要素生产率增长，以及对高水平和低水平农业全要素生产率增长的农户都有显著的正影响。这表明，农村转型中村庄有农业技术推广站、使用良种、耕地改良，以及农用薄膜使用对农业全要素生产率的增长具有普适性，并能用全要素生产率来源的各个分解变量全面促进农户农业全要素生产率的增长。

（4）农村劳动力的性别、年龄、兼业程度、非农收入占比，农药化肥使用费，以及雇工费对中低水平农业全要素生产率增长的农户有显著的负向影响，而且显著影响了这些农户的农业全要素生产率增长的分解变量，但对高水平农业全要素生产率增长的农户影响不显著。这表明，农业生产的"女性化"、"老龄化"、兼业程度高、非农收入占比高、雇用劳动力，以及农药化肥施用对低水平农业全要素生产率增长的农户的农业全要素生产率增长及其来源的分解变量产生了显著的负向影响。

10.2　政策建议

为了应对中国农村转型对中国农业生产率增长的影响和挑战，以农业生产率增长促进中国农业经济的可持续增长，根据论文研究得出的主要结论，本书提出下列政策建议：

10.2.1 中国农业经济增长宏观政策的制定，应该以系统的整体观来应对中国农村转型包括农村社会、农户和农业转型的影响，而不是割裂开来、单独、非系统地解决。

中国农村转型是一个包括农村社会、农户和农业转型及其相互关联的系统演变过程，只有综合系统考虑才有可能取得农业生产效率的可持续增长。

10.2.2 在中国农村社会转型方面，应该加大相关政策，加强农村社会转型的硬环境和软环境建设，促进农业生产率增长。

（1）加大政策支持力度，支持完善农村农业技术推广站建设，发展农民专业合作组织、农业专业协会，以及农业生产技术服务、农产品收购加工及流通销售等农村农业社会经济组织及其活动，加强农村农业发展软环境的建设，对低产耕地实施改良，提高农户的受教育水平是突破转型期农户农业全要素生产率增长瓶颈的有效措施。利用农村农业技术推广站、农村社会经济组织及其活动，实施耕地改良，提高农户的教育水平，能够显著地提高农户对先进农业生产技术的认知、采纳和推广能力，是突破农村转型期农户农业纯技术效率水平这一制约农业全要素生产率增长瓶颈的有效措施。

各级政府在推进农业技术进步和先进的农业生产经营管理经验的同时，应该注意农户对农业先进技术和农业生产管理经验的认知水平、采纳意愿和利用能力，加强技术示范与教育培训。只有做好农户技术进步的最后一公里，才能真正提高农户农业技术的利用率，提高农户的农业纯技术效率的增长。

（2）要制定相关政策，改变农村金融机构、农村农贸市场等金融和市场组织机构对农业生产率的增长没有起到显著作用的现状。农村金融、农村农业市场等组织和机构正是促进农业生产率增长，发展现代农业非常欠缺的金融和市场要素，对现代农业的技术利用、资源配置优化，以及规模经营扩大都有重要的推动作用。

10.2.3　在农村农户转型的人力资源方面，支持农业劳动力年轻化、高教育程度；制定相关的公共卫生管理政策，对农村农户超重肥胖引致的健康资本进行有效干预。

（1）农村农户转型的农业劳动力"老龄化"、受教育程度低，以及兼业和非农收入占比高都不利于农业全要素生产率增长来源的技术进步和纯技术效率的增长。因此，应该支持以老年劳动力为主、兼业程度高和非农收入占比高的农户家庭进行土地流转，同时对受教育程度低的农户家庭进行农业生产技术培训。

（2）农村转型农户的生产、生活等方式习惯发生了较大的变化，农户超重肥胖问题日益凸显，其引致的慢性疾病已经影响了农户人力资本的健康资本，已显著地负向影响了农户的劳动生产率和农业收入，影响了中国农业生产率水平及其增长。因此，各级政府在现有新型农村合作医疗制度的基础上，制定相关的公共卫生管理政策，对农村农户超重肥胖引致的健康资本进行有效干预，同时，增加农村公共文化产品供给，支持农户参与全民健身运动和健康文化活动，改变农户日常生活吃得多、运动少的现状。

10.2.4　在中国农村农业转型方面，完善相关农业发展政策，支持规模化经营、农业技术进步，特别是农业高质量发展，这有利于中国农业生产率的增长。

（1）应进一步加大对农业经营大户的农业补贴，加强金融和市场信息等方面的政策支持力度，支持农业规模经营。这对农业经营大户在提高农药化肥施用效率、采用良种和农业机械化作业、耕地改良、有机肥施用等方面有显著的正向影响，能够提高农业生产率增长水平。

（2）施用有机肥和耕地改良都显著地正向影响农业生产率水平及其

增长。因此，政府在大量实施农业供给侧结构性改革和高质量发展时，应制定政策，大力支持农户减少化肥使用量，施用有机肥和进行耕地改良。这不仅有利于改善高农药、化肥投入造成的农业面源污染，而且有利于改善土壤地力，提高农产品的产量和质量，促进农业生产率的增长。

（3）制定相关政策，实施与当地农业资源环境相匹配的多品种配套耕作制度。整体农业样本的农业生产率水平明显高于单品种水稻农户的农业生产率水平。因此，应该改变当前相当一部分农户长期只进行单品种农作物的农业生产状况。

10.3　研究不足与展望

本书通过村级跟踪调查的农户面板数据对农村转型的农户农业生产率增长效应进行实证分析，得出了一些很有意义的结论，但由于笔者水平有限，论文研究还存在很多不足，有待进一步优化：

（1）研究农村转型对农户农业生产率增长的影响时，由于调查资料数据的限制，没有考虑农户农业生产受到农业自然资源、气候和环境方面变化的影响，有待进一步深入研究。

（2）农村转型对农业生产率影响的内容很多，由于篇幅限制，本书重点研究了对农户农业生产率水平及其增长的影响，对农户生产投入的资源优化配置方面的配置效率和成本效率等没有进行研究。

（3）农村转型期的农户超重肥胖是农户的生产、生活方式和运动、饮食习惯发生改变引起的一个新的健康资本方面的问题，这是在中国"人口红利"逐渐消失背景下如何培育农村人力资本促进中国农业生产率增长所面临的新问题，也是对农村公共卫生管理、农村公共文化产品供给，以及农户营养健康管理等农村公共管理提出的新课题，值得进一步深入研究。

参考文献

［1］蔡银寅，杜凯．资本投入、劳动力转移和农业经济增长［J］．产业经济研究，2009（3）．

［2］蔡基宏．关于农地规模与建业程度对土地产出效率影响争议的一个解答：基于农户模型的讨论［J］．数量经济技术经济研究，2005（3）．

［3］车维汉，杨荣．技术效率、技术进步与中国农业全要素生产率的提高：基于国际比较的实证分析［J］．财经研究，2010（3）．

［4］陈磊，史清华，顾海英．农户土地流转是有效率的吗：以山西为例［J］．中国农村经济，2014（7）．

［5］陈超，李寅秋，廖西元．水稻生产环节外包的生产率效应分析：基于江苏省三县的面板数据［J］．中国农村经济，2012（2）．

［6］陈春生．中国农户的演化逻辑与分类［J］．农业经济问题，2007（11）．

［7］陈凤波，丁士军．农村劳动力非农化与种植模式变迁：以江汉平原稻农水稻种植为例［J］．南方经济，2006（9）．

［8］陈凤波，丁士军．水稻投入产出与稻农技术需求：对江苏和湖北的调查［J］．农业技术经济，2007（6）．

［9］陈刚，王燕飞．农村教育、制度与农业生产率：基于中国省级层面数据的实证研究［J］．农业技术经济，2010（6）．

［10］陈书章，徐峥，任晓静，等．我国小麦主产区综合技术效率波

动及要素投入优化分析［J］．农业技术经济，2012（12）．

［11］陈素琼，张广胜．农村劳动力转移对水稻生产技术效率的影响存在代际差异吗：基于辽宁省的调查［J］．农业技术经济，2012（12）．

［12］陈卫平．中国农业生产率增长、技术进步与效率变化：1990年—2003年［J］．中国农村观察，2006（1）．

［13］陈晓荣，白雅敏，高荣涛，等．青海某农村居民身体活动情况实证调查［J］．中国全科医学，2012，15（2A）．

［14］陈锡文．中国农业发展形势及面临的挑战［J］．农村经济，2015（1）．

［15］陈锡文．中国农村转型的必经阶段［N］．社会科学报，2008-1-24（001）．

［16］陈仲常，谢波．人力资本对全要素生产率增长的外部性检验：基于我国省际动态面板模型［J］．人口与经济，2013（1）．

［17］程名望，史清华．经济增长、产业结构与农村劳动力转移：基于中国1978—2004年数据的实证分析［J］．经济学家，2007（5）．

［18］程名望，张帅，潘烜．农村劳动力转移影响粮食产量了吗：基于中国主产区面板数据的实证分析［J］．经济与管理研究，2013（10）．

［19］储雪玲，谢冬生，李建华，等．利用世行贷款，共建生态家园：记世界银行贷款中新农村建设生态家园富民工程项目（2009—2014）［J］．世界农业，2014（11）．

［20］邓宏图．中国寿光市农业和农村社会转型：一个基于个案调查的经济史与政治经济学评论［J］．中国农村经济，2012（6）．

［21］邓晓兰，鄢伟波．农村基础设施对农业全要素生产率的影响研究［J］．财贸研究，2018（4）．

［22］邓新波．健康、教育人力资本对中国城市居民收入的影响

〔J〕．经济研究导刊，2010（21）．

〔23〕方福前，张艳丽．中国农业全要素生产率的变化及其影响因素分析：基于1991—2008年Malmquist 指数方法〔J〕．经济理论与经济管理，2010（9）．

〔24〕盖庆恩，朱喜，史清华．劳动力转移对中国农业生产的影响〔J〕．经济学（季刊），2014（3）．

〔25〕高帆．结构转化、资本深化与农业劳动生产率提高：以上海为例的研究〔J〕．经济理论与经济管理，2010（2）．

〔26〕高鸣．气候变化下的农业生产率再估计〔J〕．中国软科学，2018（9）．

〔27〕龚斌磊．投入要素与生产率对中国农业增长的贡献研究〔J〕．农业技术经济，2018（6）．

〔28〕顾海，孟令杰．中国农业 TFP的增长及其构成〔J〕．数量经济技术经济研究，2002（10）．

〔29〕匡远配，陈梅美．农村人口老龄化对农业全要素生产率影响的实证分析〔J〕．燕山大学学报（哲学社会科学版），2015（1）．

〔30〕华萍．不同教育水平对全要素生产率增长的影响：来自中国省份的实证研究〔J〕．经济学（季刊），2005（1）．

〔31〕黄季焜，罗斯高．中国水稻生产潜力、消费与贸易〔J〕．中国农村经济，1996（4）．

〔32〕黄金波，周波先．中国粮食生产的非线性随机前沿面和技术效率研究〔J〕．南方经济，2013（8）．

〔33〕黄玉祥，朱瑞祥，刘水长，等．农业机械化与农村劳动力转移〔J〕．中国农机化，2005（2）．

〔34〕黄宗智．华北的小农经济与社会变迁〔M〕．北京：中华书

局，1986.

［35］黄宗智. 长江三角洲小农家庭与乡村发展［M］. 北京：中华书局，1992.

［36］黄祖辉，王建英，陈志刚. 非农就业、土地流转与土地细碎化对稻农技术效率的影响［J］. 中国农村经济，2014（1）.

［37］韩海彬，赵丽芬，张莉. 异质型人力资本对农业环境全要素生产率的影响：基于中国农村面板数据的实证研究［J］. 中央财经大学学报，2014（5）.

［38］胡安宁. 倾向值匹配与因果推论：方法论述评［J］. 社会学研究，2012（1）.

［39］纪永茂，陈永贵. 专业大户应该成为建设现代农业的主力军［J］. 中国农村经济，2007（4）.

［40］纪月清，钟甫宁. 非农就业与农户农机服务利用［J］. 南京农业大学学报（社会科学版），2013（5）.

［41］柯武刚，史漫飞. 制度经济学：社会秩序与公共政策［M］. 北京：商务印书馆，2004.

［42］黎红梅，李明贤. 集体水管理对农户水稻生产技术效率的影响研究：对湖北漳河灌区的实证分析［J］. 农业技术经济，2009（3）.

［43］李尽法，吴育华. 河南省农业全要素生产率变动实证分析：基于Malmquist指数方法［J］. 农业技术经济，2008（2）.

［44］李旻，赵连阁. 农村劳动力流动对农业劳动力老龄化形成的影响：基于辽宁省的实证分析［J］. 中国农村经济，2010（9）.

［45］李谷成. 技术效率、技术进步与中国农业生产率增长［J］. 经济评论，2009（1）.

［46］李谷成. 基于转型视角的中国农业生产率研究［D］. 武汉：

华中农业大学经济管理学院，2008.

［47］李谷成. 资本深化、人地比例与中国农业生产率增长［J］. 中国农村经济，2015（1）.

［48］李谷成，冯中朝，占邵文. 家庭禀赋对农户家庭经营技术效率的影响冲击：基于湖北省农户的随机前沿生产函数实证［J］. 统计研究，2008，25（1）.

［49］李谷成，范丽霞，冯中朝. 资本积累、制度变迁与农业增长：对 1978—2011年中国农业增长与资本存量的实证估计［J］. 管理世界，2014（5）.

［50］李谷成，冯中朝，范丽霞. 小农户真的更加具有效率吗：来自湖北省的经验证据［J］. 经济学（季刊），2009，9（1）.

［51］李谷成，尹朝静，吴清华. 农村基础设施建设与农业全要素生产率［J］. 中南财经政法大学学报，2015（1）.

［52］李维卡，张吉玉，郭晓雷，等. 农村居民体质指数、腰围、血压变化趋势分析［J］. 中国公共卫生，2006，22（11）.

［53］李宗璋. 农村基础设施投资对农业全要素生产率的影响研究［D］. 广州：华南理工大学，2013.

［54］梁流涛，曲福田，诸培新. 不同兼业类型农户的土地利用行为和效率分析：基于经济发达地区的实证研究［J］. 资源科学，2008，30（10）.

［55］李宪宝，高强. 逻辑、分化结果与发展前景：对1978年以来我国农户分化行为的考察［J］. 农业经济问题，2013（2）.

［56］李文明，罗丹，陈洁，等. 农业适度规模经营：规模效益、产出水平与生产成本：基于1552个水稻种植户的调查数据［J］. 中国农村经济，2015（3）.

［57］李小建．还原论与农户地理研究［J］．地理研究，2010，29（5）．

［58］刘凤芹．农业土地规模经营的条件与效果研究：以东北农村为例［J］．管理世界，2006（9）．

［59］刘国恩，William H．Dow，傅正泓，等．中国的健康人力资本与收入增长［J］．经济学（季刊），2004（4）．

［60］刘同山．农业机械化、非农就业与农民的承包地退出意愿［J］．中国人口·资源与环境，2016（6）．

［61］刘同山，牛立腾．农户分化、土地退出意愿与农民的选择偏好［J］．中国人口·资源与环境，2014，24（6）．

［62］刘怡娅，陈桂华，李忻，等．2010—2012年贵州省5个监测地区成人超重肥胖流行现状及与慢性病的关系［J］．卫生研究，2017，46（1）．

［63］刘勇，孙兆青，郑黎强，等．辽宁农村地区成年人群超重和肥胖的流行病学调查［J］．山西医药杂志，2008，37（1）．

［64］马草原．非农收入、农业效率与农业投资：对我国农村劳动力转移格局的反思［J］．经济问题，2009（7）．

［65］毛日昇，罗骏．村镇银行发展对农业生产效率的影响研究——基于四川省县级区域数据的分析［J］．金融评论，2018（2）．

［66］聂建亮，钟涨宝．农户分化程度对农地流转行为及规模的影响［J］．资源科学，2014，36（4）．

［67］恰亚诺夫．农民经济组织［M］．北京：中央编译出版社，1996.

［68］钱龙，洪名勇．非农就业、土地流转与农业生产率变化：基于CFPS的实证分析［J］．中国农村经济，2016（12）．

［69］钱文荣，郑黎义．劳动力外出务工对农户水稻生产的影响［J］．中国人口科学，2010（5）．

［70］屈亚莉，沈俊，梁小云，等．三峡农村地区人群超重肥胖的流行现状及其影响因素［J］．中国循环杂志，2012，27（3）．

［71］全炯振．中国农业全要素生产率增长的实证分析：1978—2007年：基于随机前沿分析（SFA）方法［J］．中国农村经济，2009（9）．

［72］宋洪远．经济体制与农户行为：一个理论分析框架及其对中国农户问题的应用研究［J］．经济研究，1994（8）．

［73］沈清，范春红，陈定湾．浙江省农村成年居民体质指数调查分析［J］．中国初级卫生保健，2007，21（9）．

［74］孙良斌，方向明．农业生产率增长源泉、瓶颈及影响因素：基于南方五省水稻种植户的实证分析［J］．华南理工大学学报（社会科学版），2017，19（2）．

［75］孙良斌，任建超，杨园争．劳动者超重的工资效应：基于中国综合社会调查（CGSS2013）的证据［J］．华南理工大学学报（社会科学版），2015，17（6）．

［76］孙献周，郭影，申明慧，等．河南农村居民肥胖患病率与糖尿病、高血压和血脂异常的关系［J］．郑州医科大学学报（医学版），2010，45（3）．

［77］孙新华．农业经营主体：类型比较与路径选择：以全员生产效率为中心［J］．经济与管理研究，2013（12）．

［78］王冰．中国农村社会转型模式、特征和趋势分析［J］．经济学家，2007（4）．

［79］王国敏，罗浩轩．中国农业劳动力从"内卷化"向"空心化"转换研究［J］．探索，2012（2）．

［80］王建军，陈培勇，陈风波．不同土地规模农户经营行为及其经济效益的比较研究：以长江流域稻农调查数据为例［J］．调研世界，2012（5）．

［81］王利平，王成．基于生计资产量化的农户分化研究［J］．地理研究，2012（5）．

［82］王全忠，陈欢，张倩，等．农户水稻"双改单"与收入增长：来自农村社会化服务的视角［J］．中国人口·资源与环境，2015，25（3）．

［83］王晓兵，许迪，侯玲玲，等．玉米生产的机械化及机械劳动力替代效应研究：基于省级面板数据的分析［J］．农业技术经济，2016（6）．

［84］王晓波，王本华，王跃进，等．河北省农村地区成人超重和肥胖的流行特征及相关因素分析［J］．疾病控制杂志，2005，9（5）．

［85］王一兵，张东辉．中国健康人力资本对收入的影响分析：来自纵贯数据的证据［J］．卫生经济研究，2007（12）．

［86］王自锋，孙浦阳，张伯伟，等．基础设施规模与利用效率对技术进步的影响：基于中国区域的实证分析［J］．南开经济研究，2014（2）．

［87］吴天龙，赵军洁，习银生．收入非农化对农户小麦技术效率的影响：基于河北省的调查数据［J］．湖南农业大学学报（社会科学版），2017，18（3）．

［88］武阳丰，马冠生，胡永华．中国居民的超重和肥胖流行现状［J］．中华预防医学杂志，2005，39（5）．

［89］魏娟，赵佳佳，刘天军．土地细碎化和劳动力结构对生产技术效率的影响［J］．西北农林科技大学学报（社会科学版），2017，17

（5）.

［90］魏权龄，岳明. DEA 概论与CZR模型：数据包络分析（一）［J］. 系统工程理论与实践，1989（1）.

［91］魏下海. 异质型人力资本与中国全要素生产率增长：基于省际面板数据的经验分析［J］. 劳动经济评论，2010（11）.

［92］吴晨. 不同农业经营主体生产效率的比较研究［J］. 经济纵横，2016（3）.

［93］吴丽丽，李谷成，周晓时. 要素禀赋变化与中国农业生产率增长路径选择［J］. 中国人口·资源与环境，2015，25（8）.

［94］吴延瑞. 生产率对中国经济增长的贡献：新的估计［J］. 经济学（季刊），2008（7）.

［95］文琦. 中国农村转型发展研究的进展与趋势［J］. 中国人口·资源与环境，2009，19（1）.

［96］西奥多·舒尔茨. 改造传统农业［M］. 北京：商务印书馆，2003.

［97］西奥多·W.舒尔茨. 人力资本投资：教育和研究的作用［M］. 北京：商务印书馆，1990.

［98］西奥多·W.舒尔茨. 论人力资本投资［M］. 北京：北京经济学院出版社，1990.

［99］夏永祥. 农业效率与土地经营规模［J］. 农业经济问题，2002（7）.

［100］辛良杰，李秀彬，朱会义，等. 农户土地规模与生产率的关系及其解释的印证：以吉林省为例［J］. 地理研究，2009，28（5）.

［101］杨卫安，邬志辉. 我国农村教育促进农村经济发展的机制及局限性分析：基于人力资本的视角［J］. 教育与经济，2010（4）.

［102］许庆，田士超，徐志刚，等．农地制度、土地细碎化与农民收入不平等［J］．经济研究，2008（2）．

［103］许庆，尹荣梁，章辉．规模经济、规模报酬与农业适度规模经营：基于我国粮食生产的实证研究［J］．经济研究，2011（3）．

［104］徐勇．农民理性的扩张："中国奇迹"的创造主体分析：对既有理论的挑战及新的分析进路的提出［J］．中国社会科学，2010（1）．

［105］尹小俭，李世昌．中国大学生BMI、血压、肥胖及与家庭人均收入的相关性分析［J］．现代预防医学，2006（8）．

［106］应瑞瑶，潘丹．中国农业全要素生产率测算结果的差异性研究：基于Meta回归分析方法［J］．农业技术经济，2012（3）．

［107］张乐，曹静．中国农业全要素生产率增长：配置效率变化的引入：基于随机前沿生产函数法的实证分析［J］．中国农村经济，2013（3）．

［108］章立，余康，郭萍．农业经营技术效率的影响因素分析：基于浙江省农户面板数据的实证［J］．农业技术经济，2012（3）．

［109］张龙耀，周南，许玉韫，等．信贷配给下的农业规模经济与土地生产率［J］．中国农村经济，2018（7）．

［110］张越杰，霍灵光，王军．中国东北地区水稻生产效率的实证分析：以吉林省水稻生产为例［J］．中国农村经济，2007（5）．

［111］张务伟，张福明，杨学成．农业富余劳动力转移程度与其土地处置方式的关系：基于山东省242位农业转移劳动力调查资料的分析［J］．中国农村经济，2009（3）．

［112］曾福生，高鸣．我国粮食生产效率核算及其影响因素分析——基于SBM—Tobit模型二步法的实证研究［J］．农业技术经济，2012（7）．

［113］赵伟，马瑞永，何元庆．全要素生产率变动的分解：基于

Malmquist 生产力指数的实证分析［J］．统计研究，2005（7）．

［114］郑京海，胡鞍钢．中国改革时期省际生产率增长变化的实证分析（1979—2001年）［J］．经济学（季刊），2005（4）．

［115］钟甫宁．正确认识粮食安全和农业劳动力成本问题［J］．农业经济问题，2016（1）．

［116］中国农业技术推广体制改革研究课题组．中国农技推广：现状、问题及解决对策［J］．管理世界，2004（5）．

［117］周宏，王全忠，张倩．农村劳动力老龄化与水稻生产效率缺失：基于社会化服务的视角［J］．中国农村经济，2014（3）．

［118］周宏，褚保金．中国水稻生产效率的变动分析［J］．中国农村经济，2003（12）．

［119］周振，马庆超，孔祥智．农业机械化对农村劳动力转移贡献的量化研究［J］．农业技术经济，2016（2）．

［120］朱娅，应瑞瑶．农民的现代性与农业全要素生产率：基于江苏省农户调查的实证分析［J］．华东经济管理，2011（11）．

［121］朱晶，晋乐．农业基础设施、粮食生产成本与国际竞争力：基于全要素生产率的实证检验［J］．农业技术经济，2017（10）．

［122］朱晶，晋乐．农业基础设施与粮食生产成本的关联度［J］．改革，2016（11）．

［123］朱满德，程国强．中国农业的黄箱政策支持水平评估：源于WTO 规则一致性［J］．改革，2015（5）．

［124］朱喜，史清华，盖庆恩．要素配置扭曲与农业全要素生产率［J］．经济研究，2011（5）．

［125］黄季焜．乡村振兴：农村转型、结构转型和政府职能［J］．农业经济问题，2020（01）．

［126］谢兰兰.激发制度效能和生产要素活力，推动农业农村高质量发展："农村发展与农业生产方式转型"国际学术研讨会综述［J］.中国农村经济，2020（03）.

［127］郭占锋，李轶星，张森，等.村庄市场共同体的形成与农村社区治理转型：基于陕西袁家村的考察［J］.中国农村观察，2021（01）.

［128］全世文.论农业政策的演进逻辑：兼论中国农业转型的关键问题与潜在风险［J］.中国农村经济，2022（02）.

［129］王璐，杨汝岱，吴比.中国农户农业生产全要素生产率研究［J］.管理世界，2020，36（12）.

［130］张恒，郭翔宇.农业生产性服务业发展与农业全要素生产率提升：地区差异性与空间效应［J］.农业技术经济，2021（05）.

［131］李明文，王振华，张广胜.农业服务业促进粮食高质量发展了吗：基于272个地级市面板数据的门槛回归分析［J］.农业技术经济，2020（07）.

［132］龚斌磊，张书睿，王硕，等.新中国成立70年农业技术进步研究综述［J］.农业经济问题，2020（06）.

［133］余航，周泽宇，吴比.城乡差距、农业生产率演进与农业补贴：基于新结构经济学视角的分析［J］.中国农村经济，2019（10）.

［134］姜安印，杨志良.认知理性视角下小农户的行为逻辑［J］.华南农业大学学报（社会科学版），2021，20（02）.

后　记

　　本书是在我博士论文研究的基础上，本人与蒋志辉教授和朱哲副教授进一步开展深入探讨和深入研究形成的理论成果。

　　本书出版，首先要衷心感谢我的博士生导师中国农业大学方向明教授对我的教诲和对我的博士论文的指导。其次，感谢中国农业大学经济管理学院郭沛教授、辛贤教授、田维明教授、何秀荣教授、武拉平教授、李秉龙教授、王秀清教授、田志宏教授、郑志浩教授、白军飞教授、司伟教授、和林海教授等老师教授理论知识、研究方法，进行学术指导，感谢这些老师们在博士论文全过程中给予的教诲和帮助。

　　还要感谢中国农业大学经济管理学院研究生管理办公室方芳老师、王尧老师、陈琰老师等，你们辛苦地为我们从事繁重琐碎的服务管理工作，感谢你们的帮助和关心。感谢我的农经博士班的同学们和住在王子楼的朋友们。感谢我的师兄弟姐妹们——刘建波、沈政、郑晓冬、贺子轩、杨园争、陈宇、李娇媛、刘成、马琰等等对我的支持和帮助。

　　最后，我要感谢我的父母，你们无私的爱是我最大的动力。感谢我的妻子和孩子们，感谢你们的爱、付出和支持。

孙良斌

2022年9月